Mit 'ner Harley in den Himmel

Titel der Originalausgabe:
GETTING TO HEAVEN ON A HARLEY
A 'Radical Karma' Workbook

Herausgegeben von: Global 13 Publication, Inc.
Marietta, GA 30066, USA

Colin C. Tipping:
Mit 'ner Harley in den Himmel
Übersetzung: Susanne Willmore

info@j-kamphausen.de
www.weltinnenraum.de

Lektorat und Gesamtkoordination: Michael Hübener
Umschlaggestaltung,
Typografie/Satz: Wilfried Klei
Foto: olly - fotolia.com
Druck & Verarbeitung:
Westermann Druck Zwickau

1. Auflage 2009

Bibliografische Information der Deutschen Nationalbibliothek

Die Deutsche Nationalbibliothek verzeichnet diese Publikation in der Deutschen Nationalbibliografie; detaillierte bibliografische Daten sind im Internet über **http://dnb.d-nb.de** abrufbar.

ISBN 978-3-89901-196-8

Dieses Buch wurde auf 100% Altpapier gedruckt und ist alterungsbeständig.
Weitere Informationen hierzu finden Sie unter www.weltinnenraum.de

Colin C. Tipping

Mit 'ner Harley in den Himmel

Durch Radikale Vergebung
zur Wahrheit des eigenen
Lebens vordringen

Einführung

Seit wir angefangen haben, abstrakt zu denken, gibt es einige fundamentale Fragen, die sich Philosophen und gewöhnliche Menschen immer wieder gestellt haben.

Die Wichtigsten von ihnen lauten:

Wer sind wir?

Was sind wir?

Warum sind wir hier?

Was ist der Sinn unseres Lebens?

Und welche Bedeutung hat der Tod?

Es ist völlig verständlich, dass wir uns vor allem auf die letzte Frage konzentriert haben, denn sie ist die einzige, die wirklich wichtig ist. Wir alle marschieren unaufhaltsam auf den Tod zu, und wer von uns macht sich keine Gedanken darüber, was wohl passieren wird, wenn es so weit ist?

Es gibt tausende von Mythen, die versuchen, das Wesen des Todes zu erklären. Aber letztlich gibt es dazu nur zwei realistische Ideen, die sich noch dazu völlig widersprechen. Die erste ist klar, einfach und direkt – NICHTS passiert. Die Anhänger dieser Theorie sagen, dass unser Tod ähnlich zu sehen ist wie der Tod eines Baums. Wenn der Saft aufgehört hat zu fließen oder der Stamm gefallen ist, erlischt auch die Lebenskraft. Ähnlich ist es beim Menschen, wenn sein Herz nicht mehr schlägt. Dieser Mythos behauptet, dass mit dem Tod das Leben ganz einfach aufhört, und der Körper in seine Einzelteile zerfällt. Ende der Geschichte.

Die zweite Theorie, die es in tausenden von Variationen gibt, beruht auf der Vorstellung, dass der Körper zwar stirbt, aber dass die Seele – also die spirituelle Essenz der Person, die existierte, bevor es überhaupt einen Körper gab – im Jenseits weiterlebt. Auch hier gibt es die unterschiedlichsten Sichtweisen: Je nachdem wie wir uns verhalten haben, kommen wir dann entweder in den Himmel oder die Hölle. Dies ist der einfachste und deshalb wahrscheinlich auch der von allen am meisten akzeptierte Mythos. Am anderen Ende dieser Skala finden wir im Tibetischen Totenbuch sehr anspruchsvolle und geheimnisvolle Erklärungen, die tief in das Wesen des Todes vordringen.

Egal wie wir es sehen, es ist eine Tatsache, dass keiner mit Bestimmtheit sagen kann, was nach unserem körperlichen Tod wirklich passiert. All unsere Vorstellungen über den Tod und das Jenseits sind einfach nur Annahmen. Manche sind sehr simpel oder fast schon albern, andere haben für die Menschen je nach kulturellem Hintergrund eine enorme intellektuelle, emotionale oder spirituelle Bedeutung. Zu allen Zeiten haben große Philosophen Mythen gefunden, die ein akzeptables Jenseits für die Seele glaubhaft machen, und natürlich gründen sich auch die meisten Religionen auf die Grundannahme, dass die Seele ewig ist.

Auf einer mehr prosaischen Ebene findet man die spannendsten ‚Beweise' für ein Leben nach dem Tod in der zugegebenermaßen äußerst subjektiven (und von der Wissenschaft gern belächelten) Literatur über das Phänomen des Nahtodes.

Wie der Name schon sagt, bezieht sich die Nahtod-Erfahrung auf einen Zustand, in dem der Mensch klinisch tot war, dann aber ins Leben zurückgekehrt ist und darüber sprechen kann, was passiert ist, als er (körperlich) tot war. Das Auffallendste an all diesen weltweit auftretenden Berichten ist ihre frappierende Ähnlichkeit. Alle beschreiben ziemlich genau dasselbe: Die jeweilige Person wurde in einen Tunnel strahlend weißen Lichts gezogen und näherte sich dabei immer mehr einer Art liebevoller Präsenz. Oft wurde sie dabei auch von kürzlich verstorbenen Angehörigen begrüßt. Der gemeinsame Aspekt in jeder dieser Geschichten zeigt sich in der Aussage, dass von dieser Präsenz eine starke Liebe ausging. Oftmals fühlten sich die Menschen weit mehr geliebt und angenommen, als zuvor im Leben. Fast alle berichten, dass sie ihre Aufgabe hier auf Erden noch nicht erledigt hätten und deshalb zurückkehren mussten. Die Liebe, die sie in diesen Gefilden verspürt hatten, war so überwältigend, dass sie am liebsten in dieser Dimension geblieben wären, aber sie hatten keine Wahl.

Manche gingen noch ein Stück weiter und haben berichtet, dass sie durch einen Prozess der Lebensrückschau gegangen sind. Sie erzählen, dass man ihnen einen Film über ihr Leben gezeigt habe, damit sie die Konsequenzen jeder Entscheidung erkennen konnten. Aber niemand hat von ihnen verlangt, dass sie darüber urteilen sollten. Es gibt nicht einen einzigen Bericht über eine Bestrafung. Und niemand je hat die Hölle erwähnt.

Auch wenn einige Wissenschaftler ihr Bestes versucht haben, die Nahtod-Erfahrung rational oder neurologisch zu erklären, kommen wir hier schnell an die Grenzen der Glaubwürdigkeit. Die Wissenschaft ist offensichtlich nicht dafür vorgesehen, spirituelle Phänomene zu erklären. Und meines Wissens gibt es bisher auch keinen bestätigten Bericht darüber, dass jemand die Reise in den Tunnel zum Licht auf einer Harley Davidson gemacht hat.

Aber schließlich ist ja alles möglich. Wenn du gleich die folgende Geschichte liest, wirst du es miterleben…

In Teil Eins dieses Buchs hat mein Hauptdarsteller Steve Parker einen tödlichen Motorradunfall. Und nach einigen Abenteuern in der *Zwischenebene* mit einem anderen, ebenfalls toten Kerl, rast er auf seiner Harley Davidson durch den besagten Lichttunnel. Die Ironie des Ganzen besteht darin, dass Steve nicht nur eine lebenslange Fixierung auf Harley Davidson Motorräder hatte, sondern dass sein Reinkarnationsengel, mit dem er seine Lebensrückschau durchläuft, ebenfalls Harley heißt. Auch er war, bevor er Engel wurde, ein Fan dieser Marke.

Harley führt Steve also durch seine Lebensrückschau, und dabei trifft Steve auf seine Seelenkameraden. Das sind Seelen, mit denen er vor dieser Inkarnation Vereinbarungen getroffen hatte und die ihm demzufolge in diesem Leben begegnet waren, wobei jeder von ihnen sich an seinen Teil der Abmachung gehalten hat. Andere waren Seelen, die ihn in diesem Leben „von der anderen Seite aus" unterstützt haben.

Ich erzähle die fiktive Geschichte, um den Kern der Radikalen Vergebung bildhaft lebendig werden zu lassen. Allerdings werde ich das Konzept der Radikalen Vergebung in diesem Buch nur soweit erklären, wie es für den Leser von Bedeutung ist. Wenn du mehr dazu wissen möchtest, lies bitte zuerst mein Buch „Ich vergebe". Die Grundprinzipien der Radikalen Vergebung findest du zusätzlich auch im Vorwort von Teil Vier auf Seite 194 dieses Buches.

Teil Zwei und Drei handeln von DIR! Darin wirst du gebeten, dir vorzustellen, wie deine radikale Lebensrückschau aussehen könnte, wenn du sie jetzt machen würdest. Und zwar nicht unter der normalen Prämisse, dass du Fehler gemacht hast, dass du anderen Schaden zugefügt hast, dass dir schlimme Dinge zugestoßen sind etc., sondern vom Standpunkt der Radikalen Vergebung aus, dass alles perfekt war und unter göttlicher Führung geschehen ist. Als Nächstes bekommst du dann die Gelegenheit, das Modell zu benutzen, um einen Plan zu entwerfen, wie du dein Leben von diesem Punkt aus neu gestalten könntest. Die Werkzeuge, die du hierzu einsetzen kannst, findest du übersichtlich im Teil Vier.

Ich hoffe, dieses Buch wird dir helfen, die anfangs gestellten Fragen selbst zu beantworten:

Wer bin ich? Warum bin ich hier? Worin liegt der Sinn meines Lebens? Und was werde ich als Nächstes tun?

Darüber hinaus bin ich mir absolut sicher, dass du es genießen wirst, dein Leben als vollkommen perfekt und vom Göttlichen geleitet zu sehen.

Colin Tipping, 2009

TEIL I

Steve Parkers Geschichte

1: Mit dem Ende anfangen

Endlich war ich tot. Unter diesen Umständen war es eine echte Überraschung, dass der Tod so leicht gekommen war. Da ich ja nicht wusste, was geschehen würde, waren die letzten Minuten für mich ziemlich schmerzhaft und beängstigend gewesen, und das, obwohl ich nur halb bei Bewusstsein war. Die Leute um mich herum hatten alles getan, um mein Leben zu retten. Aber es war wohl zu spät. Der Unfall war einfach zu heftig gewesen.

Und da stand ich nun, im Inneren unversehrt und total losgelöst. Ich beobachtete die Szene ohne Emotion und erstaunlich ruhig. Mein Körper war völlig zerschmettert, beide Beine ausgerenkt, das Rückgrat mehrmals gebrochen. Mein Kopf, mit dem Zopf aus grauen Haaren, war in einem merkwürdigen Winkel verdreht, und überall war Blut. Kein hübscher Anblick! Der desaströse Zustand meines Motorrads ließ erahnen, wie schnell ich gefahren war, als ich die Kontrolle über die Maschine verloren hatte, ins Schleudern gekommen und gegen den Baum geprellt war. Ich schätze so um die 160 km/h.

Wie schon so oft hatte ich versucht, durch die Raserei meinem Ärger Luft zu machen. Dies war einer der vielen Ventile, die ich benutzte, um mit meiner Wut und dem darunter liegenden Schmerz fertig zu werden. Auf dem Motorrad zu fahren und mir den Wind um die Nase wehen zu lassen, gab mir ein Gefühl der Freiheit. Das war meine Art, mich auszutoben. Aber dieses Mal hatte ich eindeutig den Preis dafür gezahlt…

Plötzlich fuhr ein Krankenwagen vor. Die Scheinwerfer leuchteten grell. „Vergesst es, Leute“, sagte der Polizist, der erstaunlich rasch am Unfallort erschienen war, gemeinsam mit anderen, die helfen wollten. „Der ist nicht mehr zu retten.“

Die Sanitäter warfen einen Blick auf mich, der ältere der beiden nickte nur. „Der Typ muss höllisch schnell gefahren sein“, sagte er und betrachtete zuerst meinen zerstörten Körper und dann die noch kaputtere Maschine. „Diese Ecke war schon immer heimtückisch. In den letzten Jahren haben wir schon einige Raser vom Pflaster gekratzt, aber unsere lieben Bürokraten fühlten sich wohl noch nicht genötigt, die Straße sicherer zu machen.“

„Ich werde einen Bericht schreiben“, erwiderte einer der beiden Polizisten sarkastisch und beobachtete die Sanitäter bei der unangenehmen Aufgabe, meinen blutigen, verbogenen Körper auf eine Bahre zu hieven. „Ich habe seine Brieftasche, daher wissen wir wenigstens, wie er heißt. Einer von uns wird es wohl den Angehörigen mitteilen müssen. Ich hasse sowas. Hoffentlich erwischt’s mich nicht!“

„Verschwindet, Leute. Hier kann man nichts mehr ausrichten“, sagte er zu all den hilfsbereiten Leuten, die stehengeblieben waren und versucht hatten, mich zu retten. „Fahrt weiter – aber fahrt vorsichtig!“

„Der war nicht mehr ganz taufrisch“, bemerkte der jüngere Polizist, als die Menge sich zerstreut hatte. „Eigentlich hätte er längst ins Altersheim gehört. Tragisch, findest du nicht? Da arbeitete so einer jahrelang für die Pensionierung, und dann – puff! Weg ist er. Das gibt einem schon zu denken.“

„Mmmhh“, stimmten beide Sanitäter zu. Sie hatten eindeutig keine Lust, länger darüber nachzudenken. Schließlich hatten sie einen Job zu erledigen, und der wurde durch Nachdenken bestimmt nicht leichter.

„Ich nehme an, ihr holt einen Abschleppwagen für das Motorrad, okay?“ fragte der ältere von beiden, der die Sache rasch hinter sich bringen wollte.

In diesem Moment hatte ich das starke Bedürfnis, mich ihnen bemerkbar zu machen. Ich fragte mich sogar, ob ich wirklich tot war, oder ob ich vielleicht nur träumte oder eine außerkörperliche Erfahrung hatte. „Hey, das ist mein Körper, den ihr da habt“, rief ich den Sanitätern zu, als sie mich in den Krankenwagen luden. Ich verspürte Panik bei dem Gedanken, von meinem Körper getrennt zu sein. „Nehmt mich mit“, flehte ich sie an.

Keine Antwort.

Der Krankenwagen und der Polizeiwagen fuhren genau dann weg, als der Abschleppwagen kam und das Wrack abholte, das einmal mein ganzer Stolz gewesen war. Ich fühlte mich total allein und verlassen.

Der Verkehr begann wieder, ganz normal zu fließen. Autos und Lastwagen brausten vorbei. Die Insassen und ihre Beifahrer hatten glücklicherweise keine Ahnung davon, dass ich erst vor wenigen Minuten genau an dieser Stelle gestorben war. Die einzigen Hinweise für den Unfall waren die dunklen Blutlachen. Aber selbst die verschwanden langsam durch den Nieselregen, der inzwischen eingesetzt hatte…

Als der Verkehr wie selbstverständlich vorbeirauschte, ohne meine Gegenwart zu bemerken, verspürte ich ein überwältigendes, vernichtendes Gefühl von Getrenntheit und Einsamkeit. Ich war abgeschnitten von meiner menschlichen Existenz, trotzdem sehnte ich mich verzweifelt danach, wieder mit meinem Körper verbunden zu sein. Ich wollte in mein Leben zurückkehren, wieder mit meiner Frau und den Kindern sprechen und ihnen sagen, wie leid es mir tat, dass ich ein solcher Mistkerl gewesen war und dass ich es wieder gutmachen wollte. Das Mitgefühl, das ich in diesem Moment für sie empfand, war überwältigend.

Besonders große Sorgen machte ich mir um Verna, meine jetzige Frau. Verna war groß und schlank. Sie hatte braune Augen und langes, dunkles Haar, das sie die meiste Zeit als einen Pferdeschwanz trug – eine wirklich hübsche Frau. Wir waren seit zehn Jahren verheiratet, aber die Beziehung war nicht einfach. Trotz der Tatsache, dass wir dieselben geistigen Grundüberzeugungen hatten und unser Bestes taten, um sie auch zu leben, gab es immer wieder Spannungen. Ich wurde sehr schnell aufbrausend, was sie sofort in die Defensive trieb. Ihr früherer Mann hatte sie körperlich misshandelt, deshalb reagierte sie auch auf diese Weise, wenn mein Temperament mit mir durchging. Verschlimmert wurde das Ganze noch durch ihr Wissen, dass der Grund meines Ärgers im Tod der Frau begründet war, mit der ich vor ihr verheiratet war.

Aber trotz alle dem verband uns eine große Liebe, und ich wusste, dass mein plötzlicher Unfalltod sie hart treffen würde. Sie hing sehr an mir und würde sich ohne mich bestimmt ziemlich verloren und einsam fühlen. Ich sehnte mich danach, ihr zu sagen, wie sehr ich sie liebte und wie leid es mir tat, dass ich meinen Ärger so oft an ihr ausgelassen hatte.

Kurz bevor ich meine verhängnisvolle Fahrt auf der Harley angetreten hatte, war ich wütend aus dem Haus gestürmt und hatte Verna ohne ein Wort einfach stehen gelassen. Wenn ich nur zurückkehren und ihr sagen könnte, wie sehr ich sie liebte und dass es nichts mit ihr zu tun hatte! Es hing nur mit Susann zusammen.

Susann war meine zweite Frau, wirklich und wahrhaftig die Liebe meines Lebens. Schon vom Äußeren her war sie das Gegenteil von Verna. Sie war zierlich und hatte kurzes, blondes Haar. Ihre Augen waren unglaublich grün, sie funkelten und glänzten die ganze Zeit. Von Beruf war sie Tänzerin. Wir waren unzertrennlich und hätten am Liebsten unser ganzes Leben miteinander verbracht. Das wussten wir beide. Als ich sie heiratete, war ich 35, und sie 27 Jahre alt. Sieben Jahre später, mit 34, war sie tot.

Ich war total am Boden zerstört. In Nullkommanichts ging es mit mir deutlich bergab – Alkohol, Drogen, beliebiger Sex und ein Projekt nach dem anderen, wie man schnell reich werden konnte, machten die nächsten sechs Jahre mein Leben aus. Ich war total am Ende und kurz davor, den Löffel abzugeben.

Aber genau in dieser Zeit begann ich, nach dem Sinn in meinem Leben zu suchen. Ich musste etwas finden, an dem ich mich festhalten, das den Schmerz über Susanns Verlust lindern und ihrem Tod eine Bedeutung geben konnte. Ohne das, so war mir klar, würde ich mich völlig ruinieren. Ich stand sowieso kurz davor. Aber eines Tages schickte mir ein Freund ein Buch mit dem Titel *„Ich vergebe"*. Ich legte es lange Zeit weg – habe es nicht einmal angefangen zu lesen. Aber dann, nach einer schrecklichen Nacht im Alkoholrausch, nahm ich es mir vor und fing an, darin zu blättern. Und dann konnte ich es nicht mehr aus der Hand legen. Dieses Buch rückte alles in meinem Leben ins rechte Licht, es war der Beginn meiner Heilung. Im Grunde genommen hat es mir das Leben gerettet.

Meine Kinder stammten aus meiner ersten Ehe. Ich heiratete June, als ich in der Navy war. Damals war ich erst 22 und noch viel zu unreif, um Verantwortung für eine Familie zu übernehmen. Ich spielte mit anderen Frauen herum – eine in jedem Hafen, wie man so sagt – daher war unsere Ehe von Anfang an zum Scheitern verurteilt. Wir bekamen schnell zwei Kinder, ein Mädchen und einen Jungen. Aber mein Leben schwankte wie ein Schiff auf hoher See. Ich verließ die Navy und konnte keinen Job länger als ein paar Monate durchhalten. Unser drittes Baby starb an SIDS – plötzlichem Kindstod.

Man gab der Krankheit zwar einen Namen, aber niemand wusste, was der Grund dafür war, und das machte die Sache nur noch schlimmer. June gab sich selbst die Schuld dafür, und sie kam nie richtig darüber hinweg. Sie wurde sehr depressiv und unnahbar. Ich wusste einfach nicht, was ich mit ihr machen sollte.

Daher wurden die Dinge ziemlich unangenehm, und nach zehn Ehejahren ließen wir uns scheiden.

Natürlich waren die Kinder am Boden zerstört, sie haben mir auch nie richtig verziehen. Ich verschwand fast völlig aus ihrem Leben und nahm erst dann wieder Verbindung mit ihnen auf, als ich das Buch *„Ich vergebe"* gelesen und meine Reise in Richtung Heilung und Ganzwerdung begonnen hatte. Keines der Kinder wollte etwas mit mir zu tun haben, und ich kann es ihnen nicht einmal übelnehmen.

Aber was, überlegte ich mir, würden sie sagen wenn sie hörten, dass ich gestorben war? Würden sie sich wünschen, mir vergeben zu haben? Würden sie anfangen, sich zu fragen, wer ihr Vater war, nun, da ich nicht mehr am Leben war? Ich wünschte mir sehr, zurückkehren und Verbindung mit ihnen aufnehmen zu können. War es möglich, dass sie dasselbe empfanden?

Noch während ich den starken Drang verspürte, das Durcheinander in meinem Leben zu ordnen, bemerkte ich plötzlich ein heftiges Ziehen in genau die andere Richtung. Zu diesem Zeitpunkt verstand ich noch nicht, was dies zu bedeuten hatte. Aber später erkannte ich, dass es eine Einladung war, mich auf das Licht hin zu bewegen. Doch dafür war ich noch nicht bereit.

„Hey!"

Der Besitzer dieser Stimme erschien aus dem Nichts. Ungepflegt, voller Dreck und obwohl er mit getrocknetem Blut überschmiert war, trug er noch immer einen Anzug, ein weißes Hemd und eine Krawatte. Die Krawatte war zwar gelockert, aber dennoch am richtigen Platz. Er war von mittlerer Größe und trotz seines fortgeschrittenen Alters relativ schlank. Er sah so aus, als hätte er viel Sport getrieben und sein Äußeres gut gepflegt. Unter der Schmutzschicht ließ sich erkennen, dass er wahrscheinlich ein gutaussehender Mann war. Ich schätzte ihn auf etwa 60 Jahre, also nicht viel jünger als mich.

„Du auch hier?“ fragte er.

„Naja, du bist nicht der Erste, den es in dieser Kurve gerissen hat. Ich bin auch einer von denen. Hier sind schon ’ne Menge Leute gestorben. Ehrlich gesagt, hab ich dich auf deiner Harley kommen sehen. Ich wusste, was passieren würde. Es war nicht zu vermeiden. Ich hab die ganze Sache beobachtet. Wirklich sehr dramatisch. Warst du betrunken?“

„Nein“, gab ich schnell empört zurück.

„Bekifft?“

„Nein, ich war auch nicht bekifft. Einfach nur total geladen vor Wut!“

„Das ist dasselbe“, erwiderte er. „Wut ist nur eine weitere Sucht. Jede Sucht wird dich am Ende erledigen. Ich war hackebreit, als ich in meinem neuen Jaguar aus dieser Kurve getragen wurde. War auch sofort tot, aber es hat ’ne Weile gedauert, bis es mir klar wurde. Ich habe versucht, mit allen zu reden, doch sie haben mich weder gesehen noch gehört, was mich noch wütender gemacht hat. Ich dachte, sie würden mich ignorieren, weil ich so betrunken war. Aber schließlich hab ich‘s kapiert, dass ich tot bin. Das war vielleicht ein Schock!“

„Wie lange ist das her?“

„Keine Ahnung. Kann ich nicht sagen. Fühlt sich an wie ’ne Ewigkeit, aber für mich hat die Zeit aufgehört, deshalb weiß ich’s auch nicht. Meine Armbanduhr ist zum Zeitpunkt meines Todes stehengeblieben.“

Ich sah auf meine Armbanduhr und bemerkte, dass das bei mir auch der Fall war. Wahrscheinlich existiert auf dieser Seite die Zeit nicht. Als ich den Typ betrachtete, wurde ich plötzlich sehr traurig. Er schien irgendwie gefangen zu sein oder festzusitzen. Sofort machte ich mir Sorgen, dass ich in derselben misslichen

Lage sein könnte. Noch immer spürte ich das geheimnisvolle Ziehen, das mich in mir unbegreifbare Dimensionen katapultieren wollte. Aber ich hatte auch das Gefühl, als wäre ich ebenfalls gefangen.

„Warum bist du immer noch hier?“ fragte ich nervös.

„Wegen dem da – glaube ich.“ Er zeigte auf ein weißbemaltes Kreuz, das in den Boden gerammt worden war. Es war geschmückt mit Plastikblumen, Muscheln, Fotos und anderen Erinnerungsstücken. Auf den waagerechten Balken des grob gezimmerten Kreuzes war der Name Joseph gemalt worden. „Sieht so aus, als wär ich an das Ding gefesselt. Es lässt mich nicht los. Sie lassen mich nicht los.“

„Wen meinst du mit sie?“

„Meine Familie. Sie kommen einfach über meinen Unfalltod nicht weg und klammern sich an mich. Fast jeden Tag fahren sie an diesem Kreuz vorbei und drosseln dann das Tempo. Das müssten sie zwar sowieso tun wegen der Kurve, aber sie machen dann immer so traurige Mienen.“

„Sie müssen dich sehr geliebt haben“, bemerkte ich.

„Ach was! Sie sagen zwar, sie würden mich lieben, aber in Wirklichkeit geben sie mir die Schuld an dem Unfall, wegen dem Alkohol. Meine Frau ist wie du – voller Aggressionen. Auf diese Art zeigen sie ihren Kummer, aber sie erkennen nicht, dass mich ihre Reaktion hier auf der irdischen Ebene gefangen hält – oder, um genauer zu sein, auf der astralen Ebene, auf der du und ich uns gerade befinden. Das ist zwar nur eine Ebene über der irdischen Sphäre, aber noch nicht in der Welt des Göttlichen. Eine Art Niemandsland. Wir sind zwischen zwei Welten, du und ich, Mister. Aber wenn du schlau bist, bewegst du dich schnell hin zum Licht, über das sie alle reden, bevor deine Familie auch solche Sachen macht, die dich hier gefangen halten.“

„Vielleicht sitzt du ja gar nicht so fest, wie du glaubst", überlegte ich. „Vielleicht hält dich nur deine eigene Scham zurück. Du hast doch bestimmt Angst, von anderen beurteilt zu werden, oder? Zur Hölle geschickt zu werden wegen deiner Alkoholexzesse und dem ganzen anderen Mist, den du gebaut hast?"

Obwohl keiner von uns beiden ein Bewusstsein der Zeit hatte und daher auch nicht sagen konnte, wie lange Joseph schon von unsichtbaren Fäden festgehalten wurde, die ihn durch das Mahnmal an seine Familie gebunden hielten, fiel mir auf, dass das Holz bereits einen Grünstich hatte und die Farbe langsam abblätterte. Das Kreuz war also bereits vor mehreren Monaten errichtet worden. Auch die Fotos waren schon recht vergilbt und wellten sich. Das Einzige, was sich nicht verändert hatte, waren die Plastikblumen. Da sie nicht vergehen konnten, leugneten sie den Tod und die Verwesung. Dadurch schenkten sie denen, die Tag für Tag an dieser Stelle vorbeifuhren, eine Art perversen Trost. Echte Blumen wären schon lange zerfallen und hätten so den Tod von Joseph P. Noland bestätigt. Plastikblumen hingegen verlängerten seine Qual und hielten ihn immer noch gefangen.

Er saß eine Weile schweigend da und dachte nach. Dann drehte er sich um und betrachtete lange das Kreuz, wobei er seinen Kopf arg verdrehen musste. „Kann schon sein. Auf jeden Fall hat man versucht, mich als Kind mit Religion vollzustopfen, so dass ich als Erwachsener dann nichts mehr damit am Hut hatte. Gott war für mich ein zorniger, nachtragender alter Mann, der mich ohne Weiteres in die Hölle schmeißen würde, wenn ihm meine Sünden zu heftig waren. Mein mieser alter Herr hat mir das jedenfalls so eingeimpft. Naja, gesündigt habe ich wirklich 'ne Menge, das muss ich zugeben. Am schlimmsten war es mit dem Alkohol, aber ich hab auch oft Ehebruch begangen. Mit Frauen, die das Ganze nicht so eng sahen – manchmal sogar auch mit Prostituierten. Es waren vor allem verheiratete Frauen, die konnte man am leichtesten mit ein paar netten Worten und teuren Geschenken verführen. Hab mir eigentlich selten Gedanken darüber gemacht, obwohl ich mit einer wirklich tollen Frau verheiratet war. Inzwischen fühl ich mich ziemlich mies deswegen. Ich weiß, dass ich ihr damit weh getan habe. Denn sie wusste ja Bescheid über meine Seitensprünge. Sie hat nie etwas gesagt, obwohl sie mich beim dritten Mal auf frischer Tat erwischt hat. Danach hat sie mich wohl aufgegeben, ist aber trotzdem bei mir geblieben. Keine Ahnung, warum. Vielleicht wegen des Geldes. Ich hab immer ordentlich Schotter nach Hause gebracht, und es hat ihr an nichts gefehlt. Ich hab sie nie knapp gehalten, Ehrenwort!“

Er blieb noch eine Weile schweigend sitzen. Ich hätte nicht zu sagen vermocht, ob er wehmütig an seine sexuellen Eroberungen dachte oder darüber nachsann, ob er wohl einen hohen Preis für seine Verfehlungen zahlen musste, wenn er erst mal vor dem Himmelstor stehen würde.

„Ich glaube, du hast recht“, sagte er und wandte mir den Kopf nur halb zu, damit er mich nicht direkt anschauen musste. „Ich hab echt Bammel vor dem Urteil. Bestimmt komm ich direkt in die Hölle. Von daher sollte ich mich besser genauso wegstehlen, wie die anderen beiden Typen, die vorher hier waren. Sie hatten wohl das gleiche Problem. Der eine war ein Kinderschänder, der andere ein Mörder. Ihre Chancen, in den Himmel zu kommen, sind wohl auch nicht besser als meine.“

„Was haben sie gemacht?“ erwiderte ich und fragte mich, wie hoch wohl meine Chancen sein würden. Besonders optimistisch war ich da nicht. Ich war zwar kein solcher Mistkerl gewesen wie Joseph oder die beiden Männer, die er erwähnt hatte, aber ein Engel war ich auch nicht. In meinem Leben hatte ich ’ne Menge Unsinn gemacht und viele Menschen verletzt. Ich habe eine Frau geheiratet, die ich nicht hätte heiraten sollen, hatte mit ihr zwei Kinder und habe sie dann nach zehn Jahren sitzen lassen. Auch meine Kinder hab ich ziemlich vernachlässigt. Damals kannten sie mich nicht richtig, und heute würden sie mir nicht mal guten Tag sagen. Ich war so verstrickt in mein eigenes Leben, dass ich nicht viel an sie gedacht habe. Warum sollten sie sich also jetzt im Alter um mich kümmern? Ich fragte mich, wie sie wohl reagieren würden, wenn sie von meinem Tod erfuhren. Wahrscheinlich dachten sie, es wäre gut, dass sie mich los sind. Meine zweite Frau, die Liebe meines Lebens, ist an Krebs gestorben. Da ich nicht allein sein wollte, habe ich Verna geheiratet, meine dritte Frau. Mit ihr bin ich jetzt seit zehn Jahren zusammen, aber ich habe auch sie nicht gut behandelt. Ich war extrem wütend darüber, dass ich Susan verloren hatte, und das habe ich an Verna ausgelassen. Unglaublich, wie wütend ich war! Und kaum hatte ich angefangen, darüber hinwegzukommen, die Liebe zu Verna und einen Job zu finden, der mir Spaß machte, hat es mich in dieser Kurve erwischt. Verdammt!

„Die beiden Jungs entschieden, dass es zu riskant war, ins Licht zu gehen, deshalb sind sie lieber hier auf der Erde geblieben“, erwiderte Joseph. „Sie haben sich an lebende Menschen rangemacht und leben jetzt durch sie, sozusagen stellvertretend. Offensichtlich ist es wirklich leicht, in einen menschlichen Körper reinzuschlüpfen, besonders, wenn er betrunken ist, Drogen oder irgendwelche Betäubungsmittel genommen hat. Der beste Ort für solche Kandidaten sind daher entweder Bars oder Krankenhäuser. Und genau dahin haben sie sich auch auf den Weg gemacht. Als ehemaliger Alkoholiker wäre ich sicher auch ein idealer Kandidat gewesen, besonders für einen entkörperten Geist, der früher ebenfalls ein Trinker war. Er oder sie hätte sich seine Dröhnung locker durch mich besorgen können. Ich habe auf jeden Fall immer für mehrere getrunken, vielleicht habe ich deshalb auch so viel vertragen.“

Joseph kam noch mehr ins Grübeln. „Kann gut sein, dass einige von ihnen sich in meinem Energiefeld getummelt und mir geholfen haben, den Alkohol zu absorbieren. Falls ja, weiß ich nicht, was aus ihnen geworden ist, nachdem ich abgekratzt bin. Vermutlich haben sie sich einen anderen Gastgeber gesucht – wäre doch zumindest denkbar, oder?“

Ich konnte die Logik dessen, was er mir erzählte, zwar nachvollziehen, aber für mich schien diese Option nicht in Frage zu kommen. Ich hatte noch nie an Gott als an ein zorniges, beurteilendes und strafendes Wesen geglaubt, das mir die ewige Verdammnis wünschte, nur weil ich in meinem Leben ein paar falsche Entscheidungen getroffen hatte. Genauso wenig glaubte ich an die Hölle, außer an die, die wir uns auf Erden selbst erschaffen. Für mich war Gott immer ein liebevoller, verzeihender alter Mann gewesen, dem nichts daran lag, andere zu verurteilen. Und obwohl ich in meinem Leben ein ziemlicher Schuft gewesen bin, war ich davon überzeugt, dass er mich trotzdem nicht rausschmeißen würde, wenn ich vor den Toren des Himmels stehen würde.

Daher entschied ich mich in diesem Moment gegen diese Strategie. Ich wollte wirklich nicht hier auf Erden in einem fremden Körper herumhängen. Allerdings muss ich zugeben, dass ich sehr gern in meinen eigenen Körper zurückgekehrt wäre, um meine Reise als Mensch fortzusetzen. Ich fand den Gedanken schrecklich, dass alles schon vorbei war. Es gab noch so viel, was ich tun wollte. Wie ich vorher ja schon erwähnt hatte, hatte ich gerade eine sinnvolle Arbeit begonnen, mit der ich anderen helfen konnte, die ich aber auch selbst sehr befriedigend fand. Da wollte ich unbedingt weitermachen.

„Ich würde dir gern etwas vorschlagen“, sagte ich zu meinem Gegenüber, der jetzt ziemlich verloren und geknickt da saß.

„Ich glaube, du irrst dich, was diesen Punkt betrifft. Gott wird dir vergeben. Er weiß, dass du eine Persönlichkeit mit Suchttendenzen hattest. Das hast du durch Sex und Alkohol ausgelebt, aber das war’s dann auch schon. Er wird das bestimmt verstehen. Hör zu, obwohl ich wirklich gern zurückkehren würde, gefällt mir die Vorstellung absolut nicht, mein Energiefeld in einem anderen Körper zu parken. Entweder, ich krieg meinen eigenen Körper zurück, oder ich geh. Und deshalb werd ich mich auch für das Licht entscheiden. Warum kommst du nicht mit? Vielleicht kann ich für dich ja auf Bewährung plädieren, wenn sie dir am Himmelstor Schwierigkeiten machen. Was sagst du dazu?“

„Und was ist hiermit?“ fragte Joe und zeigte auf das Mahnmal, das seine Familie für ihn errichtet hatte. „Habe ich nicht die Pflicht, hierzubleiben? Wird meine Familie nicht glauben, ich hätte sie im Stich gelassen? Bestimmt werden sie mitkriegen, dass ich sie verlassen habe.“

„Selbst wenn, das ist dann ihr Problem. Sie müssen mit ihrem eigenen Kummer und ihrer Wut über dein Leben und deinen Tod fertigwerden. Wenn du hier weiter rumhängst, wird ihnen das nicht helfen. Außerdem hält dich nur dein eigenes Schuldbewusstsein hier fest. Also, vergiss es und komm mit...“

Es war klar, dass er mit der Entscheidung kämpfte. Die Angst hatte ihn mächtig im Griff. Er saß da, betrachtete das Kreuz mit den Plastikblumen und spürte den Sog seiner Familie und die Symbolik, für die das Kreuz stand, das Helle und das Dunkle darin. Schließlich hob er wieder den Kopf und sah mich an: „Also gut“, sagte er. „Ich bin dabei.“ Dann fügte er nach kurzem Nachdenken noch hinzu: „Aber erst, nachdem wir hier auf der Erde noch einen Drink genommen haben.“

„Wovon sprichst du überhaupt?“ wollte ich von ihm wissen. Joe wirkte jetzt etwas lebendiger, hoffentlich aufgrund der Aussicht, bald ins Licht zu gelangen, höchstwahrscheinlich aber eher wegen der Aussicht auf einen Drink. „Wie können wir uns einen Drink genehmigen? Wir haben doch keinen richtigen Körper mehr, deshalb kann uns auch niemand sehen. Wir bräuchten also einen Barkeeper mit hellseherischen Fähigkeiten, der nichts dagegen hat, ein paar Geistern Spirituosen zu servieren. Wenn wir den nicht finden, sind wir aufgeschmissen."

„Nein, so läuft das nicht", erwiderte Joe. „Wir gehen jetzt einfach in eine Bar, suchen uns dort ein paar Jungs, die schon eine Menge getankt haben und schlüpfen in sie rein. Nach ein paar Runden Alkohol machen wir uns wieder aus dem Staub. Bestimmt merken sie gar nichts davon. Wir bleiben ein bisschen, dann verschwinden wir. Und danach gehen wir gemeinsam ins Licht."

„Du kannst unmöglich betrunken ins Licht gehen", protestierte ich. „Gott würde den Alkohol an deinem Atem riechen."

„Welcher Atem?" gab Joe zurück. „Du bist tot und hast keinen Körper, woher soll da der Atem kommen?"

„Ach ja, das hab ich schon wieder vergessen. Trotzdem ist es nicht dasselbe, ob du betrunken warst, als du verstorben bist, oder ob du auf dem Weg zum Himmel nüchtern warst. Meinst du nicht auch? Sie würden das bestimmt mitkriegen. Ich bin sicher, darüber wären sie nicht sehr erfreut, selbst wenn sie bereit sind, dir deine Sünden auf Erden zu verzeihen."

„Ach, komm schon. Nur einen Drink, und danach starten wir gemeinsam ins Licht.

Übrigens, ich bin Joe Noland, und wie heißt du?"

„Steve Parker. Aber meine Antwort ist trotzdem Nein", erwiderte ich, streckte ihm meine Hand entgegen und schüttelte seine blutbefleckte Faust.

„Ok, Steve, ich mach dir einen Vorschlag. Wir genehmigen uns einen Drink. Danach besuchen wir kurz deine Frau, und du gibst ihr ein Zeichen, dass es dir gut geht und dass sie sich keine Sorgen mehr machen muss. Ich bin nicht mehr in der Lage, hier auf Erden noch viel auszurichten. Aber du bist immer noch frisch genug, um etwas zu tun, das sie als Zeichen von dir erkennen würde. Was denkst du? Bist du dabei?"

„Ahh, tut das gut! Zum ersten Mal seit meinem Tod fühle ich mich frei – frei von der dummen Verpflichtung gegenüber meiner Familie, frei von meinem verdammten Schuldbewusstsein und frei von meinen alten Süchten. Du hast mir wirklich sehr geholfen. Und deshalb sollten wir das auch feiern, so wie früher, nur noch ein einziges Mal!"

Ich dachte einen Moment lang darüber nach.

„Also gut, obwohl ich keinen Körper mehr habe, hätte ich wirklich nichts gegen einen Drink. Ein Cognac wäre jetzt wunderbar. Und ich möchte Verna wirklich gern noch einmal sehen. Es wird ihr sicherlich nicht gut gehen. Aber bestimmt macht es einen großen Unterschied für sie, wenn sie wüsste, dass ich versucht habe, sie zu kontaktieren, um ihr zu sagen, dass ich sie liebe. Das habe ich ihr wirklich nicht oft genug gesagt. Aber ich bleib nur so lange im Körper von irgend so 'nem Kerl, bis ich den Drink spüre, ok? Ein Drink, und das war's!"

2: Ein Platz zum Parken

Wendy servierte jedem der beiden Männer noch einen Drink und notierte die Bestellung auf ihren Deckeln. Brian und James waren Stammgäste in ihrer Bar und trafen sich dort regelmäßig nach der Arbeit. Sie waren Journalisten und erzählten sich gern gegenseitig Geschichten, bevor sie mit dem Zug nach Hause fuhren. Das war zumindest die Entschuldigung, mit der sie ihren Aufenthalt in der Bar rechtfertigten. Tatsächlich waren sie starke Trinker – mit Sicherheit fast Alkoholiker. Für beide würden diese ein oder zwei Drinks nach der Arbeit nur die ersten von vielen weiteren sein, die sie im Verlauf des Abends noch zu sich nehmen würden.

Brian erzählte James gerade eine pikante Geschichte über irgendeinen Politiker, den man mit einer männlichen Prostituierten in einer kompromittierenden Situation angetroffen hatte. In diesem Moment bemerkte Wendy, die den beiden gerade ein neues Glas einschenkte, dass durch die Männer ein Ruck fuhr. Er passierte gleichzeitig, aber keiner von beiden schien es zu bemerken. Die Bewegung war kaum wahrnehmbar, doch Wendy sah sie trotzdem. Sie hatte so etwas früher schon einmal bei notorischen Trinkern erlebt, aber noch nie war es bei zwei Leuten gleichzeitig passiert. Ein Schauer lief ihr den Rücken herunter, sie wusste nicht, warum. Aber sie verspürte den Wunsch, sich von den beiden jungen Männern zu distanzieren, obwohl sie Stammgäste waren und öfter mit ihr an der Bar plauderten. Irgendetwas an dem Vorfall missfiel ihr, und sie fühlte sich äußerst unbehaglich.

Brian verspürte plötzlich das Bedürfnis nach einem Cognac. Das war zwar nicht das Getränk, das er normalerweise bestellte, aber Wendy bediente ihn trotzdem kommentarlos. James hingegen wollte von ihm wissen: „Cognac? Den trinkst du doch nur selten. Was ist denn plötzlich los mit dir?“

„Keine Ahnung, ich hatte einfach nur das Verlangen danach. Einen plötzlichen Drang. Du hast recht, normalerweise trinke ich um diese Zeit Whiskey. Ich genehmige mir nach dem Essen vielleicht mal ’nen Cognac, aber das kommt nicht oft vor. Willst du auch einen? Zur Gesellschaft?“

„Nein, danke, aber ich hätte Lust auf ein Bier. Wendy, gib mir doch bitte mal ’ne Flasche, du kennst ja meine Marke!“

Keiner von beiden sprach darüber, aber sie fühlten sich irgendwie seltsam. Nicht betrunken, denn sie konnten eine Menge vertragen, aber doch merkwürdig. Am Ende wäre Brian fast vom Barhocker gefallen, worauf Wendy bemerkte, dass sie nun wirklich genug getrunken hätten.

3: Unliebsame Gäste

Ich hatte mir Brian ausgesucht, aber mit diesem Empfang hatte ich nicht gerechnet: „Hey, wer zum Teufel bist du? Das ist mein Revier. Wer hat dir erlaubt, dich breitzumachen? Ich parke hier nun schon ewig und denk nicht dran, auszuziehen oder den Typ mit dir zu teilen. Der Junge ist Alkoholiker, also krieg ich immer meine Dröhnung. Kein Mistkerl, der vor kurzem erst abgekratzt ist, wird mich von hier vertreiben. Kapiert? Verpiss dich!“

„Nur ein Drink, und ich bin weg. Ich versprech’s dir!“ erwiderte ich hastig. Ich war total verblüfft, dass es noch einen Geist gab, der Brians Körper bewohnte. Besser, ich beruhigte ihn erst einmal. „Aber sag mal, warum hängst du denn noch hier ’rum? Hat dir der Quatsch nicht gereicht, als du noch ein Mensch warst? Warum gehst du nicht ins Licht? Du kannst gern mit uns kommen, wenn du magst. Der Himmel ist ein toller Ort. Dort gibt‘s keine Sucht. Keinen Schmerz, den man mit Schnaps betäuben muss, nur Liebe und Harmonie. Komm, gib dir ’nen Ruck!“

„Das ist nichts für Typen wie mich, Kumpel“, sagte der Geist. „Die würden mich bestimmt ’ne Etage tiefer schicken, aber ich steh nicht so auf Hitze, wenn du weißt, was ich meine. Mir geht‘s viel besser hier. Außerdem brauch ich meinen Drink, und hier geparkt zu sein, ist gar nicht so schlecht. Muss nur manchmal mein Revier verteidigen, genau wie damals als Straßenverkäufer im East End. Irgendwelche Leute wollen sich immer dein Revier unter den Nagel reißen. Du würdest staunen, wie viele Geister hier bei mir parken wollen.

Aber das läuft nicht mit mir, ich brauch Platz für mich, die schmeiß ich alle raus. Es gibt Geister, die machen auf Gemeinschaft, aber ich bin lieber allein. Ist auch einfacher für meinen Freund. Zu viele hier drin und er wird komisch im Kopf. Vielleicht kommt er dann auf die dumme Idee, mit dem Alkohol aufzuhören. Und was wird dann aus mir? Du weißt, was ich meine. Also schnapp dir den Drink und verzieh dich!"

Der Cockney Akzent und diese streitsüchtige Art, wie sie typisch für Straßenverkäufer aus dem Londoner East End ist, täuschte über die darunter liegende Angst hinweg, durch die er auf unbestimmte Zeit mit seinem Gastgeber verbunden war. Brian hatte natürlich keine Ahnung, dass er von einem Geist bewohnt wurde, schon gar nicht von einem Geist mit einem Cockney Akzent. Er erkannte auch nicht, dass er ihn immer wieder mit Alkohol versorgte. Aber er konnte dankbar dafür sein, dass er ihm die anderen Geister vom Hals hielt.

„Willst du wirklich nicht mitkommen?" fragte ich nochmal, nachdem ich mir irgendwie den Drink reingezogen hatte und kurz davor war, ihn zu verlassen. „Du wirst schon nicht in der Hölle landen, das versprech ich dir. Die Hölle ist hier unten. Das Licht wird dich befreien. Warum kommst du nicht mit?"

„Geh zum Teufel und lass mich in Ruhe. Verpiss dich!" schrie der Geist aufgebracht und fuchtelte wild mit den Armen herum.

„Wie du willst", antwortete ich und dachte: „Wie komm ich hier wieder raus?" In dem Moment war ich schon wieder draußen, aber irgendetwas musste ich falsch gemacht haben, denn Brian hatte so eine Art Anfall. Er hatte einen Fuß auf den Barhocker gestellt, rutschte plötzlich ab und verlor das Gleichgewicht. Er ging zwar nicht zu Boden, kam aber ins Stolpern und kippte sein Glas über James aus, während er versuchte, sich irgendwo festzuhalten.

„Ich glaube, du hast genug für heute", bemerkte Wendy. Brian protestierte und hatte keine Ahnung, warum er sich so zum Narren machte.

Doch während Brian den Drink James über die Weste kippte, hörte ich plötzlich einen lauten Schrei, der weder von Brian noch von James kommen konnte. Er stammte vom Geist mit dem Cockney Akzent, der mich wegen meiner Ungeschicklichkeit verfluchte, weil ihm jetzt der Alkohol durch die Lappen ging. Als er hörte, wie die Barkeeperin dem Gelage ein Ende machen wollte, heulte er erneut auf. Aber wenigstens war ich jetzt draußen. Die nächste Frage lautete, wo war Joe? War er überhaupt wieder aufgetaucht?

In diesem Moment erschien Joe neben mir, er wirkte total cool und relaxt. Vielleicht ein bisschen zerzaust und dreckig, aber trotzdem entspannt. „Das hat gut getan", sagte er. „Und jetzt lass uns Verna besuchen."

„Waren da noch mehr Geister in James?" fragte ich.

„Allerdings", erwiderte Joe. „Ne ganze Menge, sogar. Nicht besonders freundlich, die Typen, bis auf eine Lady. Sie war ziemlich entgegenkommend, und ich spürte dieses Ziehen im Unterleib. Aber ich wusste, das würde nicht klappen. Viagra ohne den passenden Körper dazu ist meine Version der Hölle, deshalb hab ich's erst gar nicht versucht. Wie war's bei dir?"

„Ich hab so 'nen streitsüchtigen Cockney aus dem Londoner East End getroffen. Ganz schön hart, die Typen, kann ich dir sagen. Er wollte, dass ich verschwinde, sobald ich die Alkoholdämpfe inhaliert hatte. Hat sein Revier mit Zähnen und Klauen verteidigt. Ich habe ihm angeboten mit uns zu kommen, aber davon wollte er nichts hören. Wegen der Hölle und der ewigen Verdammnis. Du kennst die Geschichte."

....

Joe und ich fanden schließlich den Weg zu meinem Haus. Verna schlief ganz fest, was nur gut war. Ich wollte sie nicht erschrecken, indem ich als eine Art Geist bei ihr auftauchte. Besser wäre es, ich würde mich in ihren Traumzyklus einklinken und so mit ihr kommunizieren. Daher wartete ich auf schnelle Augenbewegungen, die mir anzeigen würden, dass sie träumte.

Als die Bewegungen losgingen, flüsterte ich ihr ins Ohr, dass ich sie liebte und dass alles okay war. Ich bat sie, mir dabei zu helfen, ins Licht zu gehen, indem sie mir vergab, dass ich so gemein zu ihr gewesen war und sie im Stich gelassen hatte. Ich erklärte ihr, dass es einen gravierenden Unterschied machen würde, wenn ich ohne großes emotionales Gepäck auf die nächste Ebene gelangen könnte. Ihre Vergebung würde mir helfen. Wenn sie an mir festhielt, würde das uns beide sehr belasten. Ich sagte ihr, dass ich sie vollkommen freigeben würde und dass sie keinerlei Schuld an meinem Tod hatte. Während sie so dalag, strich ich ihr übers Haar, aber ich konnte nichts spüren und war mir nicht sicher, ob sie etwas davon mitbekommen würde. Es war toll, so mit ihr kommunizieren zu können, und ich wusste, jetzt konnte ich sie endlich verlassen.

4: Der Traum

Verna wachte ruckartig auf. Instinktiv legte sie den Arm auf die andere Seite, um Steves Gegenwart und seinen warmen Körper zu spüren, wie sie es jahrelang nach dem Aufwachen gemacht hatte. Sie brauchte etwa eine halbe Sekunde, um die schreckliche Wahrheit zu erkennen. Er war tot. Er war bereits seit einer Woche tot, und er würde nie wieder neben ihr liegen. Schnell zog sie ihren Arm zurück. Der Schmerz dieser Erkenntnis durchzuckte sie wie ein Elektroschock, und die furchtbare Traurigkeit übermannte sie erneut.

Es war jetzt eine Woche her, dass der Polizist an ihrer Tür geschellt und sie darüber informiert hatte, dass ihr geliebter Steve bei einem Motorradunfall ums Leben gekommen war. Die Knie versagten ihr den Dienst, und sie wäre fast ohnmächtig geworden, als sie die schreckliche Nachricht vernahm. Es war fast mehr, als sie ertragen konnte, trotzdem hatte sie zu diesem Zeitpunkt nicht weinen können. Und so war es auch eine Woche später. Es war, als wäre auch sie gestorben. Sie litt furchtbar und war zur gleichen Zeit wie gelähmt. Total unfähig, sich zu bewegen.

Dann hatte dieser Traum sie plötzlich aufwachen lassen. Normalerweise träumte sie nicht viel, und wenn, ergaben ihre Träume meistens keinen Sinn. Sie waren immer völlig unzusammenhängend, eine Ansammlung von Bildern und Gedanken, die nichts miteinander zu tun hatten. Aber dieser Traum war anders. Er war so klar und realistisch, dass sie beim Aufwachen hatte zweimal hingucken müssen, um sich selbst davon zu überzeugen, dass sie

Steves Tod nicht nur geträumt hatte. Für den Bruchteil einer Sekunde gab es einen Funken Hoffnung, aber er erlosch in dem Moment, als ihr Blick auf das Kissen fiel, wo sein Kopf hätte liegen müssen.

Zum ersten Mal seit sie die Nachricht erhalten hatte, konnte sie weinen. Die überwältigende Traurigkeit, die sie bisher unterdrückt hatte, stieg nun mit aller Macht in ihr auf und äußerte sich in lautem, verzweifeltem Schluchzen. Er war in ihrem Traum zu ihr gekommen und hatte ihr gesagt, dass er okay war und dass sie sich seinetwegen keine Sorgen machen sollte. „Es tut mir leid, Baby", hatte er gesagt. „Ich war voller Wut, aber es war ein Unfall, das versichere ich dir. Bitte, glaub nicht, dass es deine Schuld war. Ganz bestimmt nicht. Es sollte so passieren. Ich liebe dich. Kannst du mir bitte vergeben?"

Verna war nicht nur geschockt, sondern bis in ihre Grundfesten erschüttert. Sie glaubte weder an ein Leben nach dem Tod, noch an Geschichten, in denen Leute von Toten kontaktiert werden. Solche Erzählungen hatte sie immer als Spinnerei abgetan.

Aber gleichzeitig hatte sich ihr Traum so real angefühlt. Sie hatte seine Stimme so klar gehört, als wäre er mit ihr im Zimmer. Sie hatte ihn gesehen, hatte gefühlt, wie er ihren Kopf berührte und ihr übers Haar strich. „Es war nur ein Traum", versuchte sie sich zu beruhigen. „Ein schöner Traum, aber trotzdem nur ein Traum, mehr nicht."

Damit warf sie die Bettdecke zurück, stand auf und ging ins Badezimmer, um die Tränen abzuwischen. Als sie in den Spiegel schaute, lehnte sie sich nach vorn, um ihr Gesicht besser betrachten zu können. Ja, sie sah schrecklich aus, aber irgendwie fühlte sie sich besser. Vielleicht hatte es mit dem Weinen zu tun, aber das war es nicht allein. Sie war einfach ruhiger. Eine Last war von ihr abgefallen. Sie hatte fast das Gefühl, als könnte sie jetzt seinen

Tod akzeptieren und damit im Frieden sein. „Eigenartig. Wie kann ein Traum die Dinge so grundsätzlich verändern?“ dachte sie. Sie zog sich an, schminkte sich und verließ das Haus.

5: Das Licht ruft

Joe war ziemlich beeindruckt. „Gute Arbeit, Kumpel. Sie war sehr verletzt, aber sie hat deine Nachricht bekommen, da bin ich mir sicher. Wieso hast du dich in ihren Traumzyklus eingeklinkt, statt sie direkt zu kontaktieren? Eigentlich hatte ich mich darauf gefreut, dass du ein körperliches Bild von dir für sie erschaffen würdest."

„Wenn ich das gemacht hätte, wäre sie total ausgeflippt", erklärte ich ihm. „Sie glaubt nicht an solche Sachen und wäre bestimmt nicht glücklich gewesen, wenn ich ihr als Geist erschienen wäre. Einen Traum kann sie hingegen ignorieren und wegrationalisieren, wenigstens am Anfang. Auf diese Weise kann sie die Botschaft dann langsam in ihr Bewusstsein eindringen lassen."

„Also, ich habe sofort gesehen, wie sich ihre Energie verändert hat. Deshalb denke ich, es ist bei ihr angekommen, selbst wenn sie es noch nicht glaubt. Du hast einen tollen Job gemacht, Steve. Sowas schafft nicht jeder. Ich selbst bin dazu nicht mehr in der Lage, aber selbst damals hatte ich nicht das Bedürfnis danach. Jedenfalls nicht am Anfang, und dann gab's nicht mehr die Möglichkeit. Wie wär's mit einem Drink?"

„Nein, danke, der eine hat mir gereicht", erwiderte ich knapp. „Mir gefällt die Idee nicht, in jemandes Körper zu schlüpfen und ihn wie ein Parasit zu besetzen, nur um sowas Irdisches wie einen Drink zu bekommen. Das könnte genauso zur Sucht werden, wie wenn du im wahren Leben Alkoholiker bist."

„Dies IST das wahre Leben", sagte Joe.

„Nein, ist es nicht“, hielt ich dagegen. „Es ist eine Zwischenebene – weder das Eine noch das Andere. Ich will nicht ewig in diesem Niemandsland stecken bleiben. Ich will ins Licht, und zwar jetzt!“

„Ich habe schon darauf gewartet, dass du das sagst.“ Die Stimme gehörte zu einer Gestalt, die aus dem Nichts gekommen war und jetzt direkt vor mir stand. Es war eine männliche Stimme, aber ich konnte sein Gesicht nicht sehen, weil er eine weite Kapuze trug, die sein Gesicht bedeckte.

„Wie geht es dir? Ich bin der Tod“, sagte er in sachlichem Ton. „Ich bin gekommen, um dich ins Licht zu begleiten.“ Er hatte sich zuerst direkt an mich gewandt, doch nun drehte er sich zu Joe und fragte ihn: „Was ist mit dir? Kommst du auch mit?“

Joe sah total erschrocken aus. „Muss das wirklich schon sein? Ich weiß nicht, ob ich dazu bereit bin. Eigentlich wollte ich hier unten noch ein bisschen länger bleiben.“

„Nein, natürlich muss es nicht sein“, erwiderte der Tod beruhigend. „Es hängt von dir ab, aber um ehrlich zu sein, du brauchst keine Angst davor zu haben. Ich weiß, man hat dir erzählt, Gott wäre sehr zornig und würde dich verurteilen, wenn du in diesem Leben etwas Böses getan hast. Aber das stimmt nicht. Alles, was du erfahren wirst, ist überwältigende Liebe. Du wirst eine Rückschau deines Lebens machen, damit du erkennen kannst, was die Konsequenzen all deiner Entscheidungen in diesem Leben waren. Aber das geschieht nur zu deiner Information, damit du daraus etwas lernen kannst. Niemand wird dich auch nur im Geringsten kritisieren oder beurteilen, und ganz bestimmt wirst du nicht bestraft werden.“

„Was ist mit der Hölle?“ fragte Joe, der jetzt vor lauter Angst zitterte.

„Existiert nicht“, erwiderte der Tod, „Das ist nur ein Mythos, den die Menschen erfunden haben, um dich zu kontrollieren und dir Angst einzujagen. Die Hölle ist etwas, was man sich hier auf Erden selbst erschafft, Joe. Ein bisschen weißt du ja schon darüber. Aber damit ist jetzt Schluss, es sei denn, du entscheidest dich, hier unten noch ein wenig länger zu bleiben. Das hängt nur von dir ab. Freier Wille, und so weiter.“

„Komm schon, Joe“, sagte ich etwas drängend, „lass uns zusammen ins Licht gehen. Es bringt nichts, hier ’rumzuhängen. Du wirst nur noch mehr auf dieser Ebene steckenbleiben, und sie wird immer mehr wie die Hölle werden, vor der du dich so fürchtest. Alles wird gut werden. Also, lass uns gehen.“

Der Tod wartete geduldig, während Joe innerlich mit sich rang. Dann war seine Entscheidung klar. „Okay, aber bleib bei mir, Kumpel. Ich hab eine Höllenangst.“

„Das mach ich, ich versprech’s dir“, erwiderte ich. Mir fiel auf, dass ich auch etwas spürte – es war weniger Angst, als eine Mischung aus Vorahnung und freudiger Erwartung.

6: Mein Todesritt

Wushhhhhhhhh!!!!!!!!!! Plötzlich wurden wir beide mit einer Affengeschwindigkeit in den Lichttunnel hineingezogen. Das Licht blendete uns zwar, war aber zugleich warm und einladend. Joe und ich wurden in einem halsbrecherischen Tempo den Tunnel hochgeschleust. Und, was mich am meisten überraschte, wir saßen auf einem Motorrad. Auf einer Harley Davidson, nichts weniger als das. Und ich saß sogar am Lenker. Joe saß hinter mir auf dem Soziussitz und klammerte sich mit aller Macht an mir fest, während ich die Maschine zu fahren schien. Ob ich wirklich die Kontrolle darüber hatte, war eine andere Frage, aber es fühlte sich wenigstens so an. Es war toll, wieder auf einem Motorrad zu sitzen. Der Tod hatte eindeutig Humor. Er musste gewusst haben, dass es mein Wunsch gewesen war, auf einer Harley Davidson in den Himmel zu fahren. Joe war nicht so glücklich darüber, aber schließlich hatte er sich erst in allerletzter Sekunde entschieden mitzukommen. Und so hatte er keine Wahl.

Was die Zeit anging, so war es keine lange Reise. Tatsächlich fühlte es sich so an, als wären wir kurz nach Beginn der Reise schon angekommen. Aber die Euphorie, die ich verspürte, während wir uns dem Licht näherten, war äußerst intensiv – intensiver als jede Emotion, die ich im Leben jemals erfahren hatte. Nach und nach wurde mir klar, dass mein Gefühl mit der unglaublichen Liebe zusammenhing, die das Licht vor uns ausstrahlte. Reine Liebe, so wie ich sie noch nie zuvor verspürt hatte. Unbeschreiblich! Es gab dafür einfach keine passenden Worte.

Kaum erkennbar innerhalb des Lichts, oder dem, was mir als der zentrale Punkt erschien, gab es etwas, das ich nur als *Präsenz* bezeichnen kann. Es hatte zwar keine richtige Form, aber es war eindeutig *da*. Und es war ebenso die Quelle des Lichts wie die Quelle dieser unglaublichen Liebe, die das Licht ausstrahlte. War das Gott? Ich wusste es nicht. Aber das war auch egal. Ich wusste nur, dass ich nach Hause gekommen war.

„Willkommen zurück!" sagte Harley. „Ihr kommt ja wie gerufen. Wir haben uns auf eure Ankunft gefreut. Deine Seelenkameraden sind hier und wollen dich sehen, das heißt, die, die schon hier sind und andere Freunde und Bekannte von dir, die du lange nicht gesehen hast. Aber bevor du wieder mit ihnen zusammen kommst, musst du deine Lebensrückschau machen. Bist du bereit?"

Plötzlich wurde mir alles klar. Ich war auf einer Reise zur Erde gewesen und alles war schon vorher festgelegt. Als mein Reinkarnationsengel hatte Harley mich darauf vorbereitet. Er hatte mich nicht nur gelehrt, was ich zu erwarten hatte, sondern mir auch eine Gruppe anderer Seelen zur Seite gestellt, die bestimmte Rollen spielen würden, damit ich das lernen konnte, was in diesem Leben für mich wichtig war.

Als die Erinnerung klarer wurde, erkannte ich welch wunderbare Ironie darin lag, dass ich mich in meiner letzten Inkarnation immer nach einer Harley Davidson gesehnt hatte. Gab es da einen Zusammenhang? Vielleicht war Harley in einer seiner Inkarnationen ja ein Motorradfahrer gewesen?

Natürlich bekam er meine Überlegungen sofort mit.

„Hat dir die Harley gefallen?" fragte er. „Ich dachte, wenn ich dich schon nach Hause bringe, dann wenigstens mit Stil. Motorräder waren doch immer deine Schwäche, oder? Meine übrigens auch, wie du dir sicherlich vorstellen kannst.

Das ist das Einzige, was ich hier oben vermisse. Hin und wieder denke ich darüber nach, wie es wäre, wieder zu inkarnieren, nur um eine Harley zu haben und mit den anderen Rockern durch die Gegend brausen zu können. Aber dann fällt mir wieder ein, was sonst noch damit verbunden ist, und ich begnüge mich mit der Vorstellung. Ich habe alle Inkarnationen durchgemacht, die notwendig für mich waren. Jetzt bereite ich andere Seelen, wie zum Beispiel dich, auf die Erdabenteuer vor."

Es stellte sich heraus, dass Harley ein ziemlich hochrangiger Reinkarnationsengel war. Ich konnte mich wirklich glücklich schätzen, dass ich ihn als meinen Mentor hatte. Er strahlte enorm viel Mitgefühl aus, und ich fühlte mich bei ihm total sicher. Später fand ich heraus, dass Harley dafür verantwortlich war, weit entwickelte Seelen bei extrem schwierigen Aufträgen zu führen. Eine davon war Hitler, die andere Saddam Hussein! Er war aber auch der Mentor für die Seelen, die Martin Luther King und Nelson Mandela waren. Und ob du's glaubst oder nicht, George W. Bush.

Ich konnte mir beim besten Willen nicht vorstellen, warum er mein Pate war. Hmmm.

„Es war ziemlich passend, dass du auf einem Motorrad umgekommen bist, findest du nicht? Du musst zugeben, deine Maschine war nicht im besten Zustand, um eine Kurve mit so hoher Geschwindigkeit zu nehmen, aber letztlich hat es sich ja zu unserem Vorteil ausgewirkt. Als wir erkannten, dass deine Zeit gekommen war, sorgten wir dafür, dass du zu Beginn der Fahrt richtig wütend wurdest. Schließlich bist du immer wie ein Verrückter gefahren, wenn du wütend warst. Dann haben wir die Kurve noch ein bisschen enger gemacht und dich dazu gedrängt, mehr Gas zu geben, als unter diesen Umständen klug gewesen wäre. Hat doch traumhaft funktioniert, findest du nicht auch?"

„Ich glaube, ein etwas langsamerer Tod wäre mir lieber gewesen", erwiderte ich, „denn dann hätte ich mich noch von ein paar Menschen verabschieden und meine Angelegenheiten in Ordnung bringen können. Ich hätte auch gern noch etwas Vergebungsarbeit geleistet. Immerhin habe ich vor meiner Heimkehr noch kurz bei meiner Frau vorbeigeschaut, aber obwohl sie schlief, konnte ich sehen, dass sie total im Schock und voller Verzweiflung war. Ich hätte ihr so gern geholfen oder sie zumindest getröstet. Aber ich konnte ihr nicht einmal meine Liebe zeigen. Das ist das Schlimmste an so einem plötzlichen Tod."

„Ja, ich weiß, aber auch wenn du dich vielleicht noch nicht daran erinnerst, genau das war die Vereinbarung", bemerkte Harley mit sanfter Stimme. „Ihr beide hattet verabredet, das genau so zu inszenieren, damit sie erfahren konnte, wie es ist, plötzlich verlassen zu werden. Sie wollte den Schmerz dieser Trennung spüren. Auch deshalb war die Harley Davidson das perfekte Vehikel. Wie dem auch sei, ich bin sicher, all das wird dir mehr einleuchten, wenn wir erst einmal deine Lebensrückschau gemacht haben. Im Moment agierst du noch immer teilweise aus dem menschlichen Bewusstsein heraus. Es braucht ein wenig Zeit, um sich hier wieder zu akklimatisieren. Bei der Rückschau wirst du dich an all deine Verabredungen erinnern, deshalb sollten wir jetzt damit loslegen."

Harley führte mich in ein anderes Zimmer. Es war rechteckig, zeichnete sich aber ansonsten nur durch eine große weiße Leinwand an einer der Wände aus. Alle vier Wände waren blau, aber obwohl sie den Raum begrenzten, sahen sie irgendwie nicht wie Wände aus. Obwohl sie einerseits recht solide und völlig blickdicht wirkten, hatten sie irgendetwas Nichtstoffliches. Vielleicht handelte es sich dabei ja auch um eine Lichtprojektion. Wie dem auch sei, jedenfalls hatten sie den Zweck, einen Raum zu bilden, und das war das einzig Wichtige. Später erfuhr ich, dass dieser

Raum immer für Lebensrückschauen genutzt wurde wenn Menschen nach Hause kamen, nachdem sie ihre Reise auf Erden vollendet hatten.

In der Mitte des Raums stand ein Sessel, dahinter befanden sich andere Sessel in einem Halbkreis. Harley wies mich an, mich auf den mittleren Sessel zu setzen. Ich kam mir ziemlich ungeschützt vor und war ein wenig nervös. Plötzlich fiel mir das Gespräch mit Joe ein, bei dem es darum gegangen war, dass Gott dich bei deiner Reise ins Licht beurteilen und verdammen würde. Innerlich fragte ich mich, ob er nicht vielleicht doch recht gehabt hatte. Ich war im Leben schließlich kein Beispiel für Tugend gewesen. Möglicherweise musste ich jetzt den Preis dafür zahlen.

„Mach dir keine Sorgen", sagte Harley, der meine Angst gespürt hatte. „So läuft das hier nicht. Wir urteilen nicht über andere, und für uns gibt es weder richtig noch falsch. Aber natürlich hat man als Mensch Lektionen zu lernen. Deshalb ist es auch hilfreich, zu sehen, wie dein freier Wille die Entfaltung des Göttlichen Plans entweder gefördert oder behindert hat. Diese Information wird dir im nächsten Leben helfen. Aber lass uns jetzt deine Seelenkameraden hereinbitten, denn sie möchten gern daran teilnehmen."

Eine Tür öffnete sich in der Wand, die von mir am weitesten entfernt war. Zehn Seelen schwebten herein und nahmen in den Sesseln Platz. Sie waren überglücklich, mich wiederzusehen und strahlten so intensive Liebe und Unterstützung aus, dass ich richtig spüren konnte, wie ihre Energie mich erhellte. Alle meine Ängste verschwanden auf der Stelle. Als ich sie anschaute, erkannte ich jeden sofort wieder, und unsere Herzen verbanden sich automatisch miteinander. Der ganze Raum war in Liebe getaucht. Ich sehnte mich danach, aufzustehen und einen nach dem anderen zu umarmen, aber ich spürte, dass das nicht passend gewesen wäre. Später.

„Okay“, begann Harley. „Bevor wir uns mit den Einzelheiten befassen, sollten wir uns noch einmal daran erinnern, warum wir uns entschieden haben, zu inkarnieren und in die Welt der Form und Dualität einzutreten. Was ist der Zweck des Ganzen? Warum haben wir das getan, und warum tun wir es immer wieder?“

„Hmm. Ich glaube, ich blicke noch nicht so recht durch. Könntest du mir etwas auf die Sprünge helfen?“, sagte ich.

Harley blieb ganz ruhig: „Nun, der erste und wichtigste Grund warum wir uns inkarnieren, besteht darin das Bewusstsein des Göttlichen oder der Universellen Intelligenz auszuweiten. Das ist natürlich auch der tiefere Grund für unsere Existenz. Bevor wir auf den Plan getreten sind, konnte das Göttliche sich selbst nicht erkennen, da es jenseits von allem war, was erklärt werden konnte. Deshalb erschuf es Teile von sich, die in die Existenz eintreten und sich als seine Vertreter inkarnieren konnten. Kleine Teile der ‚Göttlichen Substanz‘, wie man so sagt – wir.

Es ist unsere Aufgabe, uns selbst dieser Einheit mit allem (also der Qualität des Göttlichen) bewusst zu werden, indem wir uns entscheiden, das Gegenteil davon zu erfahren – nämlich die Trennung. Da wir Teile der universellen göttlichen Präsenz sind, beeinflusst es natürlich auch das Göttliche selbst, wenn wir unser Bewusstsein in diese Dimension erweitern. Also ein perfektes Arrangement, findest du nicht auch?“

„Ein wunderschönes Arrangement“, erwiderte ich. „Was für eine Ehre, dem Göttlichen auf diese Weise dienen zu können. Ich bin sehr stolz, dass ich einer derjenigen war, die diese Reise machen durften.“

„Ja, es ist wirklich eine Ehre“, erwiderte Harley. „Aber, wie du ja selbst herausgefunden hast, hat diese Arbeit auch ihre Herausforderungen. Die Existenz fühlt sich in dieser Dichte ziemlich schwer an, und es gibt immer wieder Situationen, die euch eure Grenzen deutlich spüren lassen.

Einen physischen Körper zu haben, den man braucht, um die Trennungserfahrung zu machen, ist für euch sehr anstrengend. Und zweifellos kann das schmerzhafte Gefühl des Getrenntseins auch sehr irritierend sein.

Deshalb achten wir darauf, dass eure Erinnerung an diese Welt hier oben gelöscht wird, bevor ihr euch auf die Reise in die menschliche Dimension macht. Als Nächstes sorgen wir dafür, dass ihr viele Möglichkeiten bekommt, um den Trennungsschmerz zu erfahren. Das passiert meistens in persönlichen Beziehungen, aber es kann auch in anderen Zusammenhängen vorkommen.“

„Muss man denn immer leiden, um das Getrenntsein zu erfahren?“ fragte ich. „Muss es immer weh tun?“

„Ja, es wird immer schmerzhaft sein. Allerdings sollten wir eine Sache klarstellen“, erwiderte Harley. „Die Erfahrung des Getrenntseins ist nicht auf unangenehme oder tragische Ereignisse beschränkt. Sie kann auch mit einem wunderbaren Gefühl verbunden sein – wenn du zum Beispiel in die Augen der Frau schaust, die du liebst und in ihr eine solche Schönheit und Liebe siehst, dass es dein größter Wunsch ist, dich mit ihr zu vereinen – eins mit ihr zu werden. Aber genau das ist nicht möglich. Jemand, den du liebst, zwar nahe zu sein, aber trotzdem getrennt von ihr oder ihm zu sein, ist durchaus schmerzhaft. Deswegen heißt es ja auch, dass Liebe weh tut. Du kannst dich gefühlsmäßig und körperlich sehr mit jemandem verbunden fühlen, aber du kannst nicht geistig mit ihm oder ihr verschmelzen.“

Ich sah hinüber zu der Seele, die Susann gewesen war. Sie lächelte wissend. Ich hatte tiefe Liebe zu ihr verspürt, wusste aber trotzdem, was Harley meinte. Obwohl wir beide als Geliebte und auch als Eheleute einander so nahe gewesen waren, wie zwei Menschen sich überhaupt nur sein konnten, waren wir trotzdem noch nicht Eins. Nicht wirklich. Wir waren zwei separate Individuen, und in dieser Wahrheit lag ein großer Schmerz. Als der Tod uns dann auseinander riss, und die Trennung dadurch noch stärker wurde, war der Schmerz fast unerträglich.

„Wählen wir auch, wie viel Schmerz wir während unserer Inkarnation ertragen wollen?“ fragte ich.

„Das Ausmaß des Schmerzes hängt mit dem Ausmaß spirituellen Wachstums zusammen, welches ihr in diesem spezifischen Leben erreichen wollt. Manche erklären sich einverstanden, in einer Inkarnation besonders viel Schmerz zu erfahren, um dadurch die Gesamtanzahl der Inkarnationen zu reduzieren, die notwendig sind, um ihren Einsatz zu vollenden. Andere gehen es lockerer an und dehnen das Ganze auf eine größere Anzahl von Leben aus. Das überlassen wir euch, denn ihr seid im Besitz des freien Willens. In den meisten Fällen wird die geplante Schmerzmenge vorher festgelegt. Man kann allerdings auch Anpassungen vornehmen, während man seine Erfahrungen auf Erden macht.“

„Aber wie misst man den Schmerz des Getrenntseins, so dass ihr wisst, wie viel Drama ihr in einem Leben erzeugen müsst?“ wollte ich wissen.

„Gute Frage“, erwiderte Harley. „In der Tat mussten wir eine Skala entwickeln, mit der wir den Trennungsschmerz messen und die Punktzahl feststellen können. Deshalb haben wir zuerst mit einer Skala angefangen, die bei Null beginnt und herunter auf minus 100 geht. Null bedeutet Einssein, wie wir es auf dieser Ebene hier erfahren, während minus 100 unerträglichen Schmerz des Getrenntseins bedeutet, wie ihn nur Menschen fühlen können. (s. Abb. S. 49)

„Während wir hier in diesem Bereich die ganze Zeit auf Null existieren, mit gelegentlichen negativen Schwankungen auf höchstens minus drei, sind Menschen in ihrem Erdenleben meist nicht in der Lage, über minus 10 hinauf zu kommen. Einige erreichen sogar minus 90, aber das ist sehr selten. Die Mehrzahl der

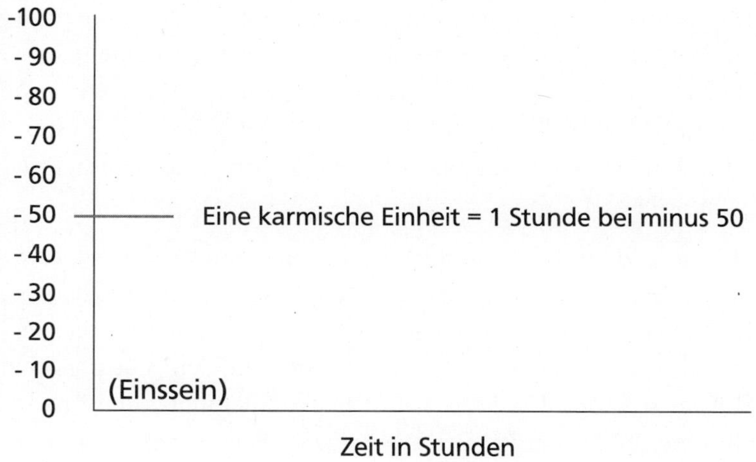

Menschen bewegt sich in der Regel so um minus 20 und sinkt manchmal auf minus 70 oder sogar minus 80 ab, wenn die Lage wirklich schlimm wird.“

Harley hatte das oben stehende Diagramm der Skala auf die Leinwand projiziert und tat sein Bestes, uns zu erklären, was eine karmische Einheit war.

„Eine karmische Einheit ist das Maß für den Trennungsschmerz in der Zeit“, sagte er. „Die Richtgröße für eine karmische Einheit ist 1 Stunde bei minus 50 auf der Skala. Darüber hinaus existiert noch eine sehr komplizierte mathematische Formel, die die Dauer der Zeit definiert, die es braucht, um eine karmische Einheit auf der Skala zu erzeugen. Wie das genau funktioniert, versucht besser nicht zu verstehen. Das erledigt der göttliche Computer automatisch. Der Computer speichert auch, wie viele karmische Einheiten jede Seele in ihrem Leben angesammelt hat. Das ermöglicht uns, einen Zeitplan für das Erwachen einer Seele festzulegen, indem wir die Menge der karmischen Einheiten, die sie sich vorgenommen hat, hochrechnen.

Ab diesem Punkt würden wir anfangen, euch Informationen zu schicken, die euer Erwachen in Gang setzen. In deinem Fall, glaube ich, haben wir dir ein Buch mit dem Titel „*Ich vergebe*“ geschickt. Das war die erste Aktion, die wir diesbezüglich gestartet haben, und sie hat deinen Prozess des Erwachens ausgelöst, nicht wahr?“

„Ja, das stimmt. Ich kann mich noch genau daran erinnern, dass ich das Gefühl hatte, bis zu diesem Zeitpunkt geschlafen zu haben. Davor war ich völlig überzeugt von meinem Weltbild und dachte, ich hätte alles im Griff. Doch dann öffnete sich plötzlich ein Fenster. Es war als würde das Licht hereinkommen, und mein altes Weltbild löste sich auf. Das war ziemlich beängstigend. Für wie viele karmische Einheiten hatte ich mich denn angemeldet, Harley?“

Harley sah sich die Kopie meiner Akasha Chronik an und erwiderte: „Du hast dich damals für 7500 Einheiten angemeldet, was eine ganze Menge ist. Aber in Wirklichkeit hast du die Zahl noch übertroffen. Über die Situationen hinaus, die du im Einverständnis mit deinen Seelenkameraden kreiert hast, hast du deinen freien Willen benutzt, um noch ein paar Dramen mehr auf deinem Weg zu erzeugen. Daher bist du insgesamt auf 8400 Einheiten gekommen.“

In diesem Moment brachen meine Seelenkameraden in tosenden Beifall aus. Sie sprangen auf und fingen an, zu singen, zu schunkeln und dabei in die Hände zu klatschen. Von irgendwoher erklang Musik.

Dann erhob mein früherer AA (Anonyme Alkoholiker) Pate die Stimme: „Steve, du warst ein ziemlich harter Brocken, selbst in der Phase deines Erwachens. Du hast zwar immer nach dem Geistigen gesucht und es dabei manchmal auch mit geistigen Getränken probiert, aber wenn du dich recht erinnerst, hast du dir auch selbst immer wieder Steine in den Weg gelegt. Ich musste mich echt anstrengen, um dich in Richtung Heilung zu dirigieren."

„Danke", war alles, was ich darauf entgegnen konnte. Als mein Pate war dieser Mann mir in jener schweren Zeit eine wirklich große Hilfe gewesen. Ich spürte ihm gegenüber überwältigende Anerkennung.

„Und ich war eines jener Probleme, stimmt's?" meldete sich eine weibliche Seele, die hinter mir stand. Ich drehte mich zu der Seele um, die mich zu vielen sexuellen Abenteuern und Experimenten mit Drogen verführt hatte.

„Ja, das warst du wirklich", erwiderte ich. „Aber das hatten wir uns ja auch vorgenommen, nicht wahr? Ich kann mich noch daran erinnern, dass wir uns darauf geeinigt haben, bevor es losging."

„Völlig richtig", antwortete sie mit breitem Lächeln. „Mir hat es Spaß gemacht, aber für dich war es ziemlich schmerzhaft, nicht wahr?"

„Ja, das ist richtig. Ich habe dich lange Zeit echt gehasst."

„Ich weiß. Aber auch das gehörte zu unserer Verabredung", gab sie zurück.

Harley versuchte, wieder zu übernehmen. „Es passiert immer wieder, dass man während der Phase des Erwachens eine Menge Dramen kreiert. Das kann eine sehr turbulente Zeit sein, weil alles, was man bisher kannte, zusammenbricht, einschließlich deiner Identität. Wenn du nicht deine Opfergeschichte weiter spielst, wer bist du dann? Das ist für viele Menschen ein richtiges Problem. Viele von ihnen bleiben dann lieber bei ihrer Geschichte und landen erneut im Opferland. Sie schlafen einfach wieder ein."

„Aber ich war diejenige, die dich zum Punkt des Erwachens gebracht hat, nicht wahr, Steve?" Die Stimme kam von hinten, aber ich wusste sofort, wer es war.

Ich drehte mich um und sah zum zweiten Mal in die Augen der Frau, die ich als Susann, meine mich liebende Frau, gekannt hatte. In diesem Moment drohten mich die mächtigen Gefühle, die in mir aufstiegen, fast zu überwältigen. Hier war die Liebe meines Lebens, die Frau, die als meine Ehefrau und Partnerin die Quelle meiner Freude und meines Glücks und gleichzeitig – wegen ihres grausamen, vorzeitigen Todes – auch meines unglaublichen Schmerzes gewesen war. Vier schreckliche Jahre lang, von dem Tag an, als man bei ihr Brustkrebs diagnostiziert hatte, bis zum Tag ihres Todes. Ich war am Boden zerstört und in den darauf folgenden fürchterlichen Monaten oftmals nah daran gewesen, auch mich zu zerstören. Zu diesem Zeitpunkt hatte ich keine Ahnung, wie alles zusammen hing, und anstatt es herauszufinden, benutzte ich Alkohol, Drogen und unverbindlichen Sex dazu, den Schmerz zu betäuben.

„Es ist so schön, dich wieder zu sehen, Steve", sagte Susann liebevoll mit sanfter Stimme. Aber obwohl ich ihre Liebe intensiv spüren konnte, war es nicht dieselbe Liebe wie damals. Es lag kein Schmerz darin. Keine Bedürftigkeit, kein Druck, keine Sentimentalität, keine negative Bindung, kein Gepäck aus der Vergangenheit. Ihre Liebe war jetzt rein, frisch, unmittelbar und hatte keinerlei versteckte Aspekte. Als ich mich öffnete, um diese Liebe zu empfangen, spürte ich, wie mein Herz sich weitete. Der Trennungsschmerz löste sich vollkommen auf. Alles, was ich erkennen konnte, war reine Liebe.

„Hallo, Susann", sagte ich verträumt, denn es schien wirklich wie ein Traum zu sein. Ich hatte mich noch nicht an diese neue Gefühlsschwingung gewöhnt; ein Teil von mir bewegte sich immer noch auf der alten Frequenz. „Seit deinem Tod habe ich mir diesen Moment immer wieder gewünscht. Ich habe immer gehofft, dich bei meiner Ankunft hier zu treffen. Lange Zeit war das das Einzige, das mich davor bewahrt hat, völlig durchzudrehen."

„Ich weiß, wie schwer es für dich war“, erwiderte Susann. „Aber du hast natürlich nicht gewusst, dass ich die ganze Zeit mit dir war und dich – gemeinsam mit deinem Großvater – unterstützt habe. Immer, wenn du in Gefahr warst, haben wir dir Energie geschickt – genug Energie, damit du weitermachen konntest. Es war einfach noch nicht der richtige Zeitpunkt für dich.“

„War denn der Zeitpunkt deines Todes richtig für dich?“ fragte ich, obwohl ich die Antwort schon kannte.

„Natürlich“, erwiderte Susann. „Darauf haben wir uns doch vorher geeinigt, bevor wir uns inkarniert haben. Du hast gesagt, du wolltest den Trennungsschmerz dadurch spüren, dass eine Person, die du sehr liebst, in dem Moment stirbt, in dem die Beziehung die höchste Blüte erreicht. Deshalb habe ich dir angeboten, diese Person zu sein. Erinnerst du dich jetzt wieder?“

Es lag alles noch im Nebel, aber mein Bewusstsein fing an, in dem Maße klarer zu werden, wie meine Schwingungsfrequenz sich erhöhte. Trotzdem versuchte ich, ganz genau zuzuhören und tat mein Bestes, um mein Erinnerungsvermögen zu aktivieren.

„Der Plan sah so aus, dass mein früher Tod genau dann passieren würde, wenn du die Summe der karmischen Einheiten erreicht hattest, die du dir vorgenommen hattest. Das würde dich direkt in die dunkle Nacht deiner Seele schleudern, was dich wiederum zwingen würde, mit der Suche nach deinem Satori zu beginnen“, erklärte Susann weiter.

Ich drehte mich zu Harley um, der schweigend der Versöhnung von Ehemann und Ehefrau und der Wiederentdeckung unserer spirituellen Beziehung, wie sie vor unserer Inkarnation lebendig war, beigewohnt hatte. Ich sah ihn fragend an. „Satori?“

„Das ist nur ein anderer Name für das Erwachen“, erwiderte Harley. „Ein Satori Moment ereignet sich, wenn du plötzlich die Wahrheit dessen, was ist und wer du bist, erkennst. Der Prozess des Erwachens kann hunderte oder vielleicht sogar tausende von Satori Momenten umfassen und dauert möglicherweise viele Jahre."

Mein Blick fiel auf die anderen Seelen im Raum. Ich sah meine Mutter, meinen Vater, meine Großeltern und sogar die Seele, die die Rolle unseres Babys gespielt hatte, das an plötzlichem Kindstod gestorben war. Ich wollte zu jedem Einzelnen hingehen, wie ich es bei Susann getan hatte, aber Harley stoppte mich.

„Du kannst dich wieder mit diesen Seelen verbinden, wenn deine Rückschau beendet ist", meinte er ziemlich streng. „Ich möchte nicht, dass dies hier zu einem Event mit dem Titel *Dies ist die Show meines Lebens* ausartet."

Nachdem er wieder die Kontrolle übernommen hatte, wandte er sich zu der weißen Leinwand um und projizierte darauf eine schwarze Linie von links nach rechts, genau in der Mitte des Bildes. „So, jetzt wollen wir das mal grafisch darstellen", sagte er wie zu sich selbst.

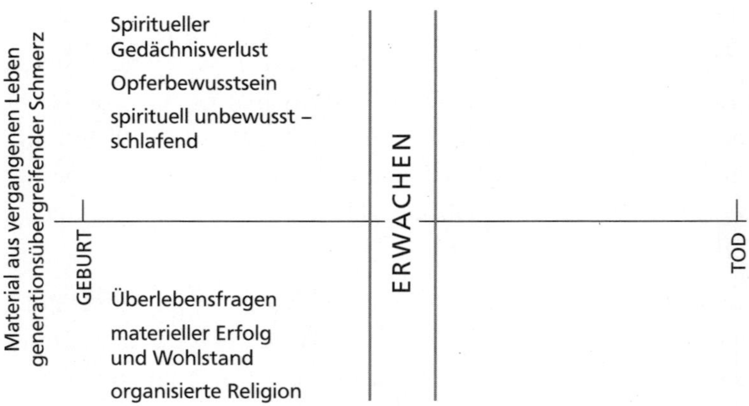

„Diese Linie repräsentiert dein ganzes Leben", sagte Harley. „Du hattest dich verpflichtet, in der ersten Hälfte deiner Erdenzeit 7500 karmische Einheiten anzusammeln. Das bedeutet, du musstest früh sehr viele Turbulenzen und Leid erfahren, um eine so hohe Punktzahl zu schaffen. Um dir dabei zu helfen, haben wir diese wunderbaren Seelenkameraden aufgerufen und sie engagiert, in deinem Leben eine Rolle zu spielen und Möglichkeiten für dich zu schaffen, den Schmerz des Getrenntseins zu spüren. Sie waren damit einverstanden, die Rollen deines Vaters, deiner Mutter, deiner Frauen, Kinder und so weiter zu spielen. Und das haben sie ganz toll gemacht, findest du nicht auch?"

„Ja, unbedingt", erwiderte ich und betrachtete jeden Einzelnen von ihnen. Alle lächelten zurück und winkten mir begeistert zu. Sie waren wirklich sehr glücklich.

„Aber bevor wir sie auf den Plan riefen, brachtest du bereits 250 karmische Einheiten an Schmerzrückständen aus verschiedenen früheren Leben mit. Wir haben außerdem überprüft, wie viel Generationenschmerz es in deiner Erbanlage gab und fanden heraus, dass du viel Schmerz von deinen Großeltern übernommen hattest, besonders auf väterlicher Seite. Du weißt, das ist der polnische Teil deiner Familie.

Du hast den Schmerz von drei oder vier Generationen mitgetragen, Steve. Größtenteils ging es um ihre Vertreibung aus der Heimat, die Zerstörung ihrer Kultur, den Verlust ihres Erbes durch die Invasion feindlicher Mächte, zuerst aus Deutschland, dann aus Russland. Dieser Schmerz war sehr tief in dir angelegt, Steve, und dadurch brachtest du von Anfang an weitere 750 karmische Einheiten mit. Das bedeutete, du hast dieses Leben mit 1000 karmischen Einheiten auf der Bank begonnen, um es salopp auszudrücken.

Trotzdem musste noch einiges passieren, wenn du in nur einem Leben 6500 Punkte erreichen wolltest, deshalb mussten wir für dich Eltern finden, die zum Einen an den Generationenschmerz anknüpften, den du bereits mitgebracht hattest, und die dich zum Anderen von Anfang an ziemlich schlecht behandeln würden.

Natürlich musste dein Vater Pole sein, deshalb haben wir dir als Mutter eine Deutsche ausgesucht. Wir dachten, das würde eine recht explosive Mischung ergeben und in der ganzen Familie für eine gute Portion Trennungsschmerz sorgen. Außerdem wurde dein Vater ein schwacher, nutzloser Typ, der zusätzlich noch Alkoholiker war. Deine Mutter hingegen haben wir zu einer lieblosen, harten und kontrollsüchtigen Frau gemacht. Er war Katholik, sie war evangelisch. Das sorgte für regelmäßigen Konfliktstoff und Familienzwist, also genau das, was du brauchtest, um eine beträchtliche Anzahl karmischer Einheiten in jungen Jahren anzusammeln."

Die beiden Seelen, die meine Eltern gewesen waren, traten vor und verbeugten sich. „Wir haben dir reichlich Möglichkeiten geboten, um den Schmerz des isoliert Seins zu spüren, findest du nicht?" sagte meine Mutter schmunzelnd. „Wie hättest du sonst so viele karmische Einheiten in einer so kurzen Zeit ansammeln können? Du warst der Älteste, deshalb hatten wir dich in den ersten Jahren ganz für uns allein, und was wussten wir schon davon, was es hieß, Eltern zu sein? Schließlich war dein Vater Alkoholiker. Ich habe ihn gehasst, aber ich hatte auch Angst vor ihm, und das habe ich alles an dir ausgelassen. Wir haben dich beide oft geschlagen."

Mein Vater saß einfach nur dabei und grinste.

„Ich gehe mal davon aus, dass auch das Teil der Vereinbarung war", sagte ich. „Ihr habt einen tollen Job gemacht, und ich bin euch sehr zu Dank verpflichtet. Ich hoffe, es hat euch seelisch nicht zu sehr belastet, so mies und gemein zu mir zu sein."

„Doch, das war schon ganz schön anstrengend", erwiderte meine Mutter. „Aber wir hatten ja auch Vorteile aus unserer Rollenverteilung, wie dir hoffentlich klar ist. Das funktioniert ja immer für beide Seiten, nicht wahr? Du hast auch deinen Teil für uns getan, und umgekehrt. Deshalb sind wir jetzt quitt."

Harley übernahm wieder. „Als Ältester von drei Kindern, bekamst du auch den Großteil der Schläge ab, was wirklich kein Pappenstiel war. Wir müssen jetzt nicht in die Details gehen, aber in den ersten 13 Jahren deines Lebens gaben dir diese beiden Seelen, die deine Eltern gespielt haben, die Möglichkeit, 1000 karmische Einheiten anzusammeln. Das ist echt eine Menge, egal, welche Maßstäbe man anlegt. Diese Seelen haben dir also einen großen Dienst erwiesen. Sie waren als Eltern eine gute Wahl."

Ich wandte mich noch einmal zu den Beiden um und verspürte ihnen gegenüber eine unglaubliche Liebe. Sie lächelten zurück und erwiderten diese Liebe. Mein Vater hatte noch immer ein breites Grinsen im Gesicht.

Harley fuhr mit seiner Erklärung fort, als wären sie gar nicht anwesend und sprach über sie nicht als die Seelen, die sie in Wirklichkeit waren, sondern als die Eltern, die sie gespielt hatten.

„Mit zunehmendem Alter bekamst du nicht mehr so viele Schläge. Dafür wurden deine Eltern ab deinem dreizehnten Lebensjahr dir gegenüber immer hartherziger, bis sie dir ihre Liebe schließlich ganz entzogen. Sie haben dich abgewiesen und haben dir ein schlechtes Gewissen eingeredet, weil du nicht das getan hast, was sie von dir verlangten. Sie wollten, dass du studierst und Anwalt wirst, oder so etwas ähnliches, aber das hatte nichts mit dir zu tun. Durch diesen Konflikt konntest du noch einmal 500 karmische Einheiten ansammeln. Mit achtzehn bist du dann von zu Hause weg und zur Marine gegangen, nur um ihnen endlich zu entkommen."

„Wie ging es dir, als ich starb? Das war doch eine ziemlich belastende Erfahrung für dich, Steve, oder? Du warst schließlich erst acht, und wir beide waren die besten Freunde."

Die Seele, die gerade gesprochen hatte, war mein Großvater auf der polnischen Seite der Familie. Er hatte recht. Wir beiden waren uns in der Tat sehr nahe. Er war der einzige Mensch auf der ganzen Welt, mit dem ich hatte reden können. Er verstand mich, unterhielt sich stundenlang mit mir und zeigte mir, wie alles funktionierte. Er wusste, dass meine Mutter und mein Vater, sein eigener Sohn, mich nicht gut behandelten, doch darüber haben wir nie gesprochen, jedenfalls nicht direkt. Aber wir wussten beide, was los war, und das machte das Ganze irgendwie erträglicher. Bei seinem Tod war ich am Boden zerstört. Ich hatte das Gefühl, als würde meine ganze Welt zusammen brechen.

„Ja, das waren wir wirklich, Opa", antwortete ich. Ich hatte Tränen in den Augen, während ich mich energetisch wieder mit dieser wunderbaren Seele verband. „Als du starbst, habe ich dich so sehr vermisst. Aber das weißt du wahrscheinlich, nehme ich an."

„Natürlich. Und ich war dein späteres Leben über immer an deiner Seite. Als Susann hier in unsere Dimension zurückkehrte, haben wir uns bei verschiedenen Gelegenheiten zusammengetan, um dir durch schwere Zeiten hindurch zu helfen. Du weißt ja, ich war von Anfang an immer für dich da.

Du musst verstehen, für uns hier oben ist es gar nicht so leicht, anderen Seelen nicht bei ihrer irdischen Reise beizustehen. Ich habe miterlebt, wie du immer wieder schrecklichen Schmerz erdulden musstest, und ich habe mir oft gewünscht, dir dieses Leid ersparen zu können. Aber dann wurde mir wieder bewusst, dass du dich ja für diesen Schmerz entschieden hattest und ihn erfahren wolltest. Und so war letztendlich alles perfekt. Trotzdem habe ich immer wieder versucht, dir Trost zu spenden."

„Danke", sagte ich.

In diesem Moment griff Harley in das Gespräch ein. „Der Trennungsschmerz durch den Tod deines Großvaters und die Wunde, die dieser Zwischenfall in dir entstehen ließ, waren so schwer, dass sie dir weitere 500 karmische Einheiten eingebracht haben. Diese Wunde wurde noch mehrmals in deinem Leben angesprochen."

„Ist das mein Lebensmuster?"

„Ja. Wir neigen dazu, bestimmte Muster immer wiederkehren zu lassen Denn wenn du denselben Schmerz immer wieder erfährst, aber in Verbindung mit unterschiedlichen Menschen oder Situationen, wird dies im Prozess des Erwachens deine Aufmerksamkeit anziehen. Anders ausgedrückt: Diese Muster im eigenen Leben zu erkennen, kann genau diese Satori Momente auslösen, über die ich vorhin gesprochen habe."

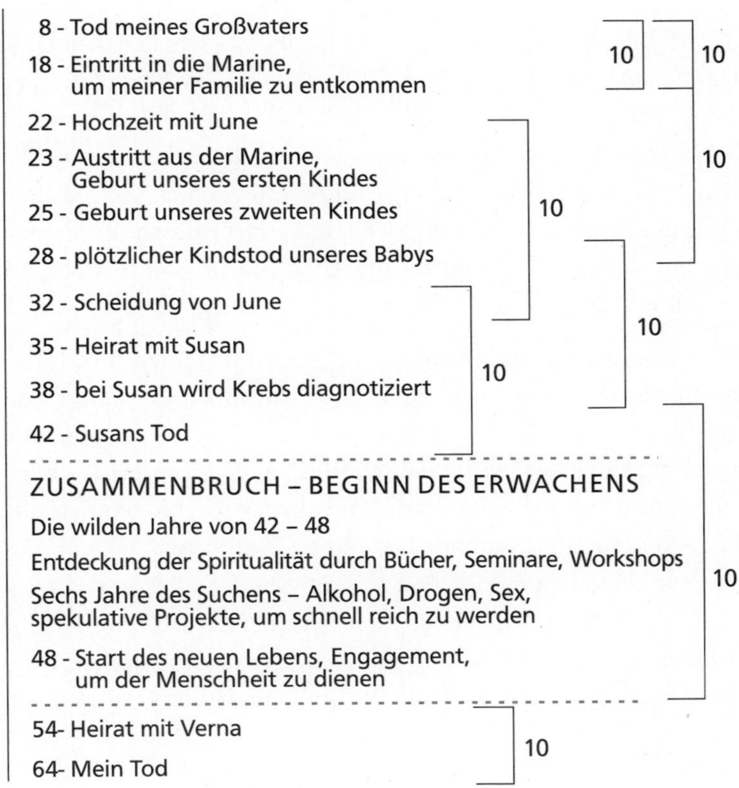

„Ich glaube, diese Wunde habe ich etwa alle zehn Jahre in meinem Leben gespürt“, sagte ich nachdenklich. „Als mir dieses Muster dann klar wurde, gingen mir wirklich die Augen auf.“ Ich benutzte die Leinwand, um die immer wiederkehrenden Sequenzen auf meiner Lebenslinie aufzuzeigen. (s. Abb. S. 59)

„Mit 18 gehe ich weg von Zuhause. Mit 28 stirbt mein Kind. Mit 38 wird bei Susann Krebs diagnostiziert. Mit 48 beginne ich ein neues Leben und eine neue Karriere. Das ist eine Zehnerserie, die ein gutes Ende findet – ein echter Heilungsprozess. Eine zweite Zehnerserie beginnt mit 32 (Heirat mit June) und endet mit 42 (Susanns Tod). Dann heirate ich Verna mit 54 und sterbe mit 64. Wow!“

„Sieht ganz so aus, als wäre die Zehn deine Zahl, oder?“ bemerkte Harley. „Als du zwanzig warst, hattest du bereits 2000 karmische Einheiten angehäuft. Der Tod deines Babys war ein schwerer Schlag für dich. In Kombination mit der Tatsache, dass dieser Umstand eure Ehe ruiniert hat und schließlich zu eurer Scheidung geführt hat, hat dir dies weitere 1500 karmische Einheiten eingebracht. Damit warst du im Alter von 32 bereits bei 3500 Punkten. Gar nicht schlecht, muss man schon sagen.“

Als nächstes projizierte Harley eine blaue Linie über die schwarze Linie, die sich in Zacken über der schwarzen Grundlinie auf und ab bewegte. Die Höhepunkte repräsentierten die Momente größten Schmerzes. Unter die schwarze Linie projizierte er dann eine rote Linie, die ebenso auf- und abstieg wie die blaue Linie. Sie stand für die Summe der unterdrückten Schmerzempfindungen, die jeden Höhepunkt begleiteten. Den Schmerz zu unterdrücken, dient dem Zweck, ihn als Hebel anzusetzen. Je mehr Schmerz unterdrückt wird, desto stärker wird er mit der Zeit und desto mehr karmische Einheiten kann man dadurch ansammeln.
(s. Abb. S. 61)

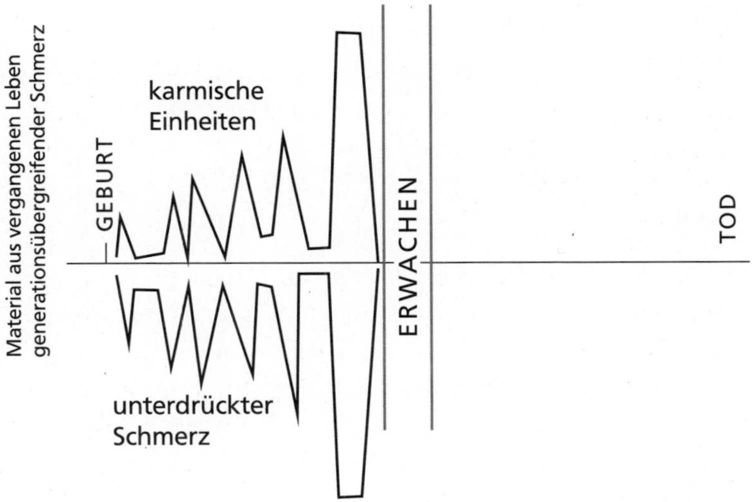

„Aber noch immer war es ein langer Weg, bis du dein Ziel erreichen konntest. Deshalb haben wir dir Susann geschickt, als du 38 warst. Wir dachten, das würde die entscheidende Geschichte werden, mit der du dir eine große Anzahl Punkte verdienen konntest und die dich hoffentlich zum Zusammenbruch führen würde, damit du wie vorgesehen in deinen frühen 40ern dein erstes Satori erleben konntest.

Es funktionierte auch traumhaft. Ihr beide verliebtet euch unsterblich ineinander. Als bei ihr dann Krebs diagnostiziert wurde und sie vier Jahre später starb, war der Schmerz fast unerträglich für dich, zumal du dich die meiste Zeit um sie gekümmert hattest und zusehen musstest, wie sie langsam dahinsiechte und fürchterlich leiden musste.

Damals glaubten wir, wir hätten es übertrieben und fürchteten schon, dass du aussteigen würdest. Aber das hast du nicht getan. Die Gruppe deiner Seelenkameraden hat mit dir gearbeitet und dich in diesem Prozess unterstützt. Wie dem auch sei, auf diese Weise hast du dir die restlichen 3500 karmischen Einheiten erworben. Und das bedeutete, damit konntest du mit dem Erwachen beginnen."

„Du hast vorhin erwähnt, dass ich mir über die 7500 Punkte hinaus, für die ich mich angemeldet hatte, noch ein paar zusätzliche Punkte verdient habe", warf ich ein. „Wann ist denn das passiert?"

„In der Phase des Erwachens hast du noch 1000 weitere Einheiten hereingeholt", erwiderte Harley. „Wie dein Pate von den Anonymen Alkoholikern vorhin ja bereits erwähnte, war dein Zusammenbruch das Ergebnis all jener destruktiven Verhaltensmuster, die manchmal auch den Beginn des Erwachens begleiten. Sie brachten dir eine Menge schmerzhafter Erfahrungen ein, für die du dann auch wieder Punkte bekommen hast."

Harley legte einen Gang zu und stellte mir eine Frage. „Okay, Steve, dann erzähl uns doch mal, was sich für dich verändert hat, seit du mit dem Erwachen begonnen hast. Was war plötzlich anders?"

„Nun", begann ich. „Wie ihr ja wisst, habe ich zuerst ziemlich negativ reagiert, denn ich hatte mit einem Mal keinen Kompass mehr, an dem ich mein Leben ausrichten konnte. Die Welt, die ich kannte, und über die ich mich definiert hatte, löste sich immer mehr auf. Und so begann ich noch mehr, dem Alkohol zuzusprechen und verhielt mich eine ganze Weile sehr selbstzerstörerisch. Aber nach etwa sechs Monaten passierte innerlich etwas mit mir. Es war so, als wäre ein Schalter umgelegt worden. Ich spürte einen Frieden, wie ich ihn vorher nie gekannt hatte. Ich hörte mit dem Trinken völlig auf und begann, meinem Leben wieder eine Richtung zu geben. Den Alkohol brauchte ich jetzt nicht mehr, weil ich mir selbst die Erlaubnis gegeben hatte, den Schmerz zu spüren. So hatte ich es nicht mehr nötig, mich zu betäuben. Das war ungeheuer erleichternd. All meine Süchte verschwanden auf der Stelle.

Je mehr ich mich um diese Form von Spiritualität kümmerte, desto deutlicher spürte ich den Drang, etwas Sinnvolles mit meinem Leben anzufangen. Ich hatte inzwischen total das Interesse an meiner Immobilienfirma verloren. Noch immer bezog ich daraus ein kleines Einkommen, aber mit dem Kaufen und Verkaufen von Objekten hatte ich mittlerweile völlig aufgehört. Nur Geld um des Geldes willen zu verdienen, erschien mir nicht mehr attraktiv. Ich wollte jetzt etwas tun, das der Welt wirklich weiterhilft. Etwas, das sinnvoll und auch für andere nützlich ist. Deshalb verkaufte ich einen großen Teil meiner Immobilien einfach an die Menschen, die darin wohnten, zu einem echt fairen Preis und benutzte das Geld, um mich als Coach und Lebensberater ausbilden zu lassen. Ich erwarb die nötigen Lizenzen und wurde täglich besser in dem, was ich tat. Aber es reichte mir immer noch nicht. Ich wollte ein zusätzliches spirituelles Element in die Lebensberatung einfließen lassen. Und nicht nur ich, auch meine Klienten verlangten danach. Deshalb kaufte ich ein Trainingsprogramm, das es mir ermöglichte, mich als Coach für Radikale Vergebung niederzulassen. Jetzt hatte ich genau das, was ich immer gesucht hatte, und mein Geschäft erlebte einen enormen Aufschwung. Ich liebte diese Arbeit.

Aber obwohl diese berufliche Neuausrichtung schon eine große Sache war, war meine persönliche Veränderung noch viel erstaunlicher. Ich war so glücklich wie nie zuvor und ließ auch meine Opferrolle völlig los. Mein Verhalten wurde von Tag zu Tag bewusster, und ich merkte es sofort, wenn ich jemand anderem die Schuld gab, mich rechtfertigte oder andere beurteilte. Ich konnte das zwar nicht von heute auf morgen stoppen, aber wenigstens erwischte ich mich dabei und konnte bewusst entscheiden, damit aufzuhören. Das Einzige, das ich trotz allem nicht los wurde, waren ein gewisser Frust und etwas Verbitterung. Ich weiß nicht, wie viele Arbeitsblätter zur Radikalen Vergebung ich schon ausgefüllt hatte, aber meine Wut und Enttäuschung darüber, dass man mir Susann genommen hatte, wollte einfach nicht weniger werden. Über diesen Kummer kam ich einfach nicht hinweg. Aber immerhin erlaubte ich mir jetzt, den Schmerz zu fühlen, anstatt ihn zu betäuben. Ich ließ die Trauer und die Wut zu. Ich blieb ganz bewusst dabei, ohne mich wegzustehlen."

„Vielleicht ist das jetzt ein guter Augenblick, um die andere Seite des Diagramms zu vervollständigen", sagte Harley. „Du hast gerade wunderbar beschrieben, wie es den Leuten im Allgemeinen nach ihrem Erwachen so geht. Ich würde das gern noch einmal für alle zusammenfassen.

Zuerst bemerken fast alle, dass sich ihre Prioritäten ändern. Während sie vorher auf Überleben, Sicherheit, materiellen Erfolg und Geld ausgerichtet waren, erleben sie jetzt, wie ihr spirituelles Vertrauen wächst. Sie lernen, mehr in der Gegenwart zu leben und bemühen sich, für andere in irgendeiner Weise nützlich zu sein. Bei dir ist das ja auch so gewesen, stimmt's?"

„Ja, das ist richtig", gab ich zu. „Du hast meine Veränderung gut charakterisiert."

„Als Zweites werden sich dann die Menschen immer mehr ihrer selbst bewusst und entwickeln eine Qualität, die wir den Beobachter nennen", fuhr Harley fort. „Dieser Beobachter ist der Teil in dir, der, ohne dich zu verurteilen, genau erkennt, wenn du wieder ins Opferland zurückfällst. Er sorgt dafür, dass du bewusst bleibst und befreit dich so von deiner Angst. Statt also tagelang, monatelang oder gar – wie vor deinem Erwachen – jahrelang im Sumpf der Beurteilungen und Ablehnungen steckenzubleiben, bewegst du dich schnell und leicht durch diese Zustände hindurch und lässt dieses unnütze Verhalten hinter dir. Ab diesem Zeitpunkt versucht niemand mehr, weitere Karma Einheiten durch diese Dramen zu erwerben. Auf dem Diagramm drückt sich das als eine Kette von Ereignissen aus, die deutlich kleinere und kürzere emotionale Reaktionen hervorrufen, als sie es früher getan hätten. Siehst du das auch so?“

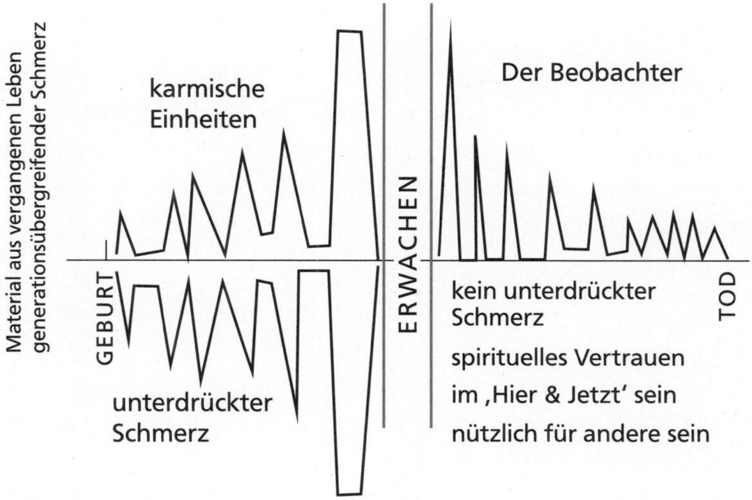

„Unbedingt“, erwiderte ich. „Ich war schon immer ziemlich aufbrausend, und auch damals ging ich immer noch hoch wie eine Rakete. Aber das war nach ein paar Minuten schon wieder vorbei. Außerdem blieb ich wach für meine Gefühle, statt sie zu unterdrücken oder zu beurteilen.

Allerdings muss ich leider zugeben, dass meine Aggressionen nach meiner Heirat mit Verna wieder zurückkehrten. Außerdem passierte es mir immer wieder, dass ich lange Zeit im Gefühl, Opfer der Umstände zu sein, steckenblieb.

Als ich Verna heiratete, arbeitete ich bereits seit vier Jahren an meiner neuen Karriere, und Verna wurde zu meinem Fels in der Brandung. Sie war sehr spirituell und gab mir den Raum, ich selbst sein zu können. Aber natürlich brachte sie auch ihr eigenes Gepäck in die Beziehung ein. Nachdem wir etwa sechs Monate verheiratet waren, löste das in mir ziemliche Aggressionen aus, leider viel zu häufig. Weil wir beide die Methode der Radikalen Vergebung anwandten, konnten wir uns schnell immer wieder finden, aber meine Wutausbrüche machten ihr doch sehr zu schaffen."

„Ja, ich weiß", sagte Harley, der mir sehr intensiv zugehört hatte und mein Energiefeld genau beobachtete. „Nachdem der Prozess deines Erwachens bereits recht gut angesprungen war, haben wir dich mit Verna zusammengebracht, damit du auch ihr Material aktivieren konntest.

Das ist eine andere Form, wie ihr euch als Menschen – quasi von Seele zu Seele – unterstützen könnt. Wir wussten, dass sie sehr an dir hängen und der Verlust wirklich schmerzhaft werden würde, als wir dich nach Hause brachten. Aber auch dies war ja vorher so vereinbart worden. Sie brauchte diese Erfahrung für ihr eigenes Wachstum. Das wirst du erkennen, wenn sie ihre Reise beendet hat und ebenfalls ihre Lebensrückschau machen wird. Dann wirst du hier sein, um sie wieder zu sehen. Sie wird dich segnen und dankbar sein für alles, was du für sie getan hast, auch wenn es damals für sie belastend war.

Deshalb ist es gut, wenn du dir selbst nicht zu viele Vorwürfe machst. Trotz alle dem solltest du dir natürlich genau anschauen, was du aus dem, was deine Aggression und dein Schmerz dir gezeigt haben, lernen kannst. Warum konntest du beides nicht loslassen? Was gewannst du dadurch, dass du dich so fest daran geklammert hast? Denk gut darüber nach. Ich könnte mir vorstellen, dass du dich darum vor deiner nächsten Inkarnation noch einmal kümmern möchtest – wenn du überhaupt noch einmal inkarnieren wirst."

„Was meinst du damit, wenn ich noch einmal inkarnieren werde?" fragte ich, alarmiert über diese letzten Worte. „Willst du etwa sagen, ich wäre schon durch? Habe ich das Rad der Wiedergeburten schon überwunden?"

„Nicht unbedingt“, erwiderte Harley, der damit meine Frage umging und es offensichtlich bereute, diesen Punkt überhaupt erwähnt zu haben. „Keiner von uns ist in diesem Sinne je richtig durch. Wir sind alle in der Lage, uns immer wieder einzubringen, wenn wir gebraucht werden, und sei es auch nur für ein paar Minuten.

Es kann also durchaus passieren, dass man sich zwar nicht mehr im Turnus regelmäßiger Inkarnationen befindet, trotzdem aber in *Reserve* gehalten wird, um es einmal so auszudrücken. Das bedeutet, wir müssen jederzeit einsatzbereit sein. Das letzte Mal hat man mich in der Kuba Krise zu einem wichtigen Rettungseinsatz aufgerufen. Die Verrückten im Kreml und die nicht minder kriegslüsternen Generäle im Pentagon waren kurz davor, die gesamte Erde in eine nukleare Wüste zu verwandeln. Ihre Entscheidungsfreiheit in Ehren, aber das durften wir natürlich nicht zulassen. Deshalb hat eine Gruppe ranghoher Engel eingegriffen und den Plan verhindert, wenn auch erst in letzter Sekunde.“

Ich hatte nicht vor, mich durch ihn vom Thema ablenken zu lassen. Ich wollte unbedingt wissen, ob ich noch einmal irgendwo auf der Welt inkarnieren würde, und sei es auch nur, um weiter an meinen Aggressionen zu arbeiten und zu lernen, sie zu akzeptieren. Das schien die Lektion zu sein, die ich immer noch nicht gemeistert hatte. „Also, was steht denn in meinem Falle als nächstes an, Harley?“

„Ich kann es dir noch nicht sagen“, erwiderte Harley diplomatisch. „Bevor ich das entscheide, muss ich mir deine Akasha Chronik noch etwas genauer anschauen. Lass uns später darüber sprechen. Jetzt kannst du erstmal mit deinen Seelenkameraden feiern. Sie haben lange auf diesen Moment gewartet, und du hast es dir auch verdient. Ich wünsche dir viel Spaß! Wir sehen uns morgen.“

Damit verschwand Harley, und mit ihm auch die Wände und die Leinwand. Plötzlich war ich mit meinen Seelenkameraden in einer wunderschönen Landschaft mit saftigen grünen Wiesen, durch die sich kristallklare Flüsschen schlängelten. Überall blühte es, in den Bäumen zwitscherten die Vögel, Schwalben flogen durch die Luft und führten ihre Flugkünste vor. Es war fast so, wie man sich allgemein das Paradies vorstellt.

Viele schöne Stunden lang saßen wir dort zusammen, sprachen über unsere Reise und über die Rollen, die wir füreinander gespielt hatten. Ich musste immer noch daran erinnert werden, wie wir unsere Seelenverträge miteinander abgeschlossen hatten. Wir riefen uns jedes unserer Treffen vor der Inkarnation ins Gedächtnis. Immer wieder hatten wir uns verpflichten müssen, in verschiedenen Situationen der oder die *Böse* für den anderen zu sein. So hatten wir es in vielen Leben getan. Jetzt erschien es uns schon fast lustig. Und so lachten wir stundenlang miteinander.

Plötzlich bemerkte ich, wie jemand auf uns zukam. Er winkte mir zu. Es war Joe! Ich hatte mich schon gefragt, wie es ihm wohl gehen mochte, und jetzt war er plötzlich hier. Ich freute mich aus tiefstem Herzen, meinen Freund wiederzusehen.

„Wie geht's dir, Joe? Toll, dich zu sehen. Hast du deine Rückschau schon gemacht?"

„Worauf du dich verlassen kannst", erwiderte Joe. „Morgen früh nehm ich den ersten Zug in die Hölle."

Wir starrten ihn verdutzt an. Keiner wollte mehr etwas sagen.

„Das war doch nur ein Witz, Jungs", lachte er. „Die Rückschau ist super gelaufen. Und du hattest natürlich recht, Steve. Ich hätte mir überhaupt keine Sorgen machen müssen. Alle hatten vollstes Verständnis für meine Schwächen und Fehltritte, und sobald ich mich dazu bekannte, zeigten sie mir, wie perfekt doch alles war, wenn man es unter einem größeren Blickwinkel betrachtet. Wie war denn deine Rückschau? Ist alles okay?"

„Oh ja, unbedingt. Es war wunderbar. Hat man dir schon deine nächste Aufgabe mitgeteilt?" fragte ich ihn. Dabei war ich – um ehrlich zu sein – nicht nur an seiner Zukunft interessiert, sondern hoffte eher, dass sich in seiner Antwort ein Hinweis auf meine neue Aufgabe finden würde.

„Na klar", erwiderte Joe. „Das haben meine Seelenkameraden alles schon für mich arrangiert, während ich noch an diesem verdammten Holzkreuz fest hing, das meine Familie an der Straße aufgebaut hat. Sieht so aus, als wäre ich dort viel länger gewesen, als vorgesehen. Gott sei Dank bist du dann aufgetaucht und hast mich mitgenommen. Ohne dich wär ich wahrscheinlich immer noch da, Steve. Danke nochmal!"

„Also, wie sieht deine nächste Inkarnation aus?" fragte ich ihn ungeduldig. „Wirst du ein Mann oder eine Frau werden?"

„Oh, wieder ein Mann. Ich werde in eine Familie im Mittleren Osten hineingeboren werden. Wahrscheinlich im Irak. In meiner letzten Inkarnation habe ich mich sehr für diesen Krieg stark gemacht. Für mich war George W. Bush ein richtiger Held, zumindest am Anfang. Ich war schon immer dafür, gegenüber dem Feind eine deutliche Sprache zu sprechen. Wenn es nach mir gegangen wäre, hätte ich wohl die gesamte Region mit Atomwaffen bombardiert. Das war jedenfalls mein Gefühl. Und deshalb werde ich wohl in meinem nächsten Leben die Sache wieder ins Gleichgewicht bringen müssen. Ich werde also ein Moslem und höchstwahrscheinlich auch ein Terrorist werden. Das wird dann wohl eine recht kurze Inkarnation, und ich werde mich sputen müssen, mein Quantum an karmischen Einheiten rechtzeitig zusammen zu bekommen. Im letzten Leben hab ich's noch nicht geschafft, vor meinem Tod in den Erwachensmodus vorzudringen; ich fürchte, beim nächsten Mal wird das nicht anders werden.

Aber, wer weiß. Ich werd' mich vorsichtshalber nur für 1000 Einheiten anmelden, vielleicht krieg ich's dann ja doch hin."

„Nun, ich wünsche dir auf jeden Fall viel Glück!"

„Vielleicht treffen wir uns ja im Irak wieder", sagte er nur halb im Spaß. „Du könntest dir ja auch dort einen Job geben lassen, und sei es nur, um meinen armen Terroristenhintern wieder hier hoch zu hieven, wie du es dieses Mal getan hast."

Joe machte sich langsam von dannen. Er lachte noch immer. Ich war nicht besonders amüsiert über seinen letzten Witz. Er erinnerte mich daran, dass mein Schicksal noch nicht entschieden war. Leise sagte ich zu mir selbst: „Bitte, schickt mich nicht mit Joe in den Irak!"

7: Die große Mission

Am nächsten Tag wurde ich in Harleys Büro gerufen. Beim Betreten des Zimmers musste ich erneut an Joes Worte über meinen Einsatz im Irak denken. Ich war ziemlich besorgt, wie mein Schicksal wohl aussehen mochte. Um dieser Angst etwas entgegenzusetzen, rief ich mir ins Gedächtnis, dass Harley ja nicht einmal sicher gewesen war, ob ich überhaupt eine nächste Inkarnation haben würde.

„Guten Morgen, Steve", sagte Harley aufmunternd. „Na, wie geht es dir heute? Ist es schön, wieder zuhause zu sein?"

„Ich muss mich immer noch daran gewöhnen", erwiderte ich. „Ich denke noch immer in Kategorien von Zeit und Raum, statt in der permanenten Gegenwart. Aber daran arbeite ich. Meine Gedächtnislücken werden täglich geringer, und ich erinnere mich immer besser an die Vereinbarungen, die ich mit meinen Seelenkameraden getroffen habe. Was das betrifft, war unser gestriges Treffen sehr wichtig für mich. Wir hatten eine tolle Zeit miteinander und haben lange über alles gesprochen."

„Wie bewusst bist du dir inzwischen darüber, dass wir alle eins und unendlich miteinander verbunden sind?" fragte Harley.

„Das ist einfach total beeindruckend", erwiderte ich aufgeregt. „Du glaubst gar nicht, wie es sich angefühlt hat, genau das Gegenteil davon zu erfahren. Dadurch bin ich mir des Einsseins nicht nur viel bewusster geworden, nein, es bedeutet auch viel mehr für mich. Jetzt bin ich mir dessen tausend Mal bewusster, und mein Bewusstsein wächst immer weiter."

„Nun, das ist gut“, erwiderte Harley. „Die Ausdehnung deines Bewusstseins hilft auch dem göttlichen Geist, zu wachsen, was ja der Zweck unserer Existenz ist. Das führt mich zu dem Punkt, über den ich mit dir sprechen wollte, Steve, und auch dem Grund, warum ich dich hergebeten habe.“

„Gestern – ja, ich weiß, ich rede so, als ob die Zeit hier real wäre, aber das ist nur, weil ich sehe, dass du immer noch in diesen Begriffen denkst. Gestern hatte ich angedeutet, dass du vielleicht keine weitere Inkarnation mehr zu durchlaufen brauchst. Schließlich hast du mittlerweile über tausend Leben absolviert. Ich habe mich mit meinen Kollegen auf der nächsthöheren Ebene beraten, und wir sind zu dem Ergebnis gekommen, dass du dich jetzt nicht noch einmal inkarnieren musst.“

Meine Erleichterung war deutlich spürbar, und Harley reagierte sofort darauf. „Warte, bis du hörst, was du tun wirst“, sagte er. „Dagegen ist eine Inkarnation als Terrorist im Irak wahrscheinlich ein Spaziergang.“

Ich schluckte und sagte gar nichts. Harley fuhr fort:

„Es wird dein Job sein, von hier oben aus die Regie für den größten Bewusstseinssprung der Menschheit zu übernehmen, der je stattgefunden hat, seit es menschliches Leben auf der Erde gibt. Bevor ich dazu mehr sage, würde ich dir gern noch ein paar Hintergründe erläutern, Steve.

Dieses ganze Experiment begann mit dem Urknall. Davor gab es nur Bewusstsein – reine potenzielle Energie. Dann geschah der Urknall, und das gesamte Universum trat in dem Moment in Erscheinung, als im universellen Bewusstsein der erste Gedanke entstand. Dieser lautete: „Was ist, wenn es noch etwas anderes gibt?“ Von diesem Moment an geht der Schöpfungsprozess mit zunehmender Beschleunigung immer weiter.

Dann allerdings kam das Bewusstsein der sich ständig ausweitenden Universellen Intelligenz an einen Punkt, an dem es sich selbst erkennen musste, um die allumfassende Gottheit zu werden. Da die Universelle Intelligenz sich aber nicht als sich selbst erfahren konnte, erschuf sie uns, damit sie sich stellvertretend durch uns erfahren konnte. Aber darüber haben wir gestern vor deinem Interview gesprochen, erinnerst du dich?“

„Ja, natürlich“, erwiderte ich.

„Nun, die Sache ist so, dass sich dieses Experiment jetzt bald dem Ende nähern wird. Die Reise in die menschliche Erfahrung ist mittlerweile oft genug und von einer so großen Anzahl von Seelen durchlaufen worden, dass der göttliche Geist so stark erweitert wurde, dass er sich seiner selbst inzwischen völlig bewusst ist. Das bedeutet, niemand muss mehr Trennung erfahren. Kriege, Konflikte, Kämpfe, Hunger, Diskriminierung, Folter, Missbrauch, Schmerz und Leid werden aufhören, zu existieren.“

„Super! Bedeutet das das Ende des Planeten Erde und des Lebens in einem menschlichen Körper?“

„Im Gegenteil“, erwiderte Harley. „Für die allumfassende Gottheit ist der Höhepunkt des Experiments gleichbedeutend mit der Verschmelzung beider Welten. Die geistige Welt und die menschliche Dimension werden eins. Das verstehen wir unter dem Begriff Himmel-auf-Erden. Auf diese Weise kann sich die Universelle Intelligenz nicht nur, wie bisher, als Gedanke, sondern auch als Gefühl erfahren. Das heißt, wir werden alle Körper bekommen, mit deren Hilfe wir die Erfahrung machen, existent zu sein. Aber gleichzeitig erleben wir eben auch die Glückseligkeit des totalen Einsseins.“

„Heißt das, die Gottheit wird demnächst eine Erklärung herausgeben, dass das Experiment vorbei ist, und die Entstehung von Himmel-auf-Erden verkünden? Und werden dann alle Seelen, die dann noch in einem Körper inkarniert sind, wieder nach Hause zurückkehren?“ fragte ich und hoffte, dass die Aufgabe, die man mir geben wollte, leicht zu bewerkstelligen sein würde.

„Nein“, erwiderte Harley nachdrücklich. „Obwohl sie die Macht hat, alles zu tun, was sie sich vorgenommen hat, erschafft die Universelle Intelligenz niemals Ergebnisse per Erlass. Sie könnte zwar den Himmel-auf-Erden im Bruchteil einer Sekunde herbeiführen, wenn sie das wollte. Aber bei der Universellen Intelligenz dreht sich alles um Transformation, und das bedeutet, was zählt, ist der Prozess.

Sie wünscht sich, dass jedes Land durch den gleichen Prozess des Erwachens geht, den auch einzelne Individuen durchlaufen. Amerika steht da an erster Stelle. Die USA werden die Nation sein, die die gesamte Menschheit durch den Prozess des Erwachens führen wird. Erst dann werden wir hier den Himmel-auf-Erden haben, nicht vorher. Die Menschheit muss sich selbst für diesen Schritt entscheiden. Freier Wille – du erinnerst dich?

Dein Job wird es sein, bei dieser Transformation des kollektiven Bewusstseins der Menschen von hier oben Regie zu führen, als Leiter der Seelengruppe, die alles koordiniert. Diese Gruppe wird direkt mit dem ziemlich großen Seelenpool kommunizieren, den wir bereits vorgeschickt haben, um den Weg vorzubereiten. Diese Seelen sind unter dem Namen Indigos oder Kristallkinder bekannt. Sie unterscheiden sich von anderen Menschen, die vor ihnen auf der Erde waren, darin, dass sie nicht vergessen haben, wer sie in Wirklichkeit sind. Genauer betrachtet sind sie bereits erwacht.“

Ich fing an, extrem nervös zu werden. Das klang für mich nach einer Riesenaufgabe, und ich hatte ziemlichen Bammel, dass ich dem Job nicht gewachsen sein würde. „Was soll ich denn da genau machen, Harley?“ fragte ich unsicher.

„Der Plan sieht so aus, dass Amerika als erstes Land auf das Erwachen vorbereitet werden soll. Du wirst dafür verantwortlich sein, dass das geschieht. Wie du ja inzwischen weißt und auch selbst erfahren hast, passiert vor dem Erwachen immer ein kompletter Zusammenbruch. Tatsächlich erreichen wir den Durchbruch, der für das Erwachen nötig ist, nur dann, wenn wir vorher einen Zusammenbruch erleben. Deshalb wird es auch notwendig sein, in Amerika Umstände zu erschaffen, die zu einem dramatischen sozialen, wirtschaftlichen und politischen Chaos führen werden.

Dieser Plan ist bereits in Gang gesetzt worden. Wir haben eine hochqualifizierte Seele darauf angesetzt, deren Mission es ist, Präsident der Vereinigten Staaten zu werden und die das Land zumindest durch den Beginn des Zusammenbruchs führen wird. Sein Name ist Jack Barber. Es kann sein, dass er diesen Namen während des Prozesses ändern wird, oder dass er eine Abkürzung nimmt und den Präsidenten kurzfristig ersetzt.

„Wie auch immer er sich entscheidet, deine Aufgabe wird es sein, ihn und die nachfolgenden Präsidenten zu führen, um sicherzustellen, dass der Zusammenbruch so geschieht, wie er geplant ist. Der endgültige Zusammenbruch soll verbindlich um das Jahr 2012 beginnen und etwa 2028 abgeschlossen sein. An irgendeinem Punkt in dieser Zeitepoche wird Amerikas Erwachen stattfinden.

Ich habe Jack persönlich auf diesen Job vorbereitet, und er ist dort unten bereits bei der Arbeit, gemeinsam mit anderen Seelenkameraden, die bestimmte Rollen zu spielen haben. Einer hat Saddam Hussein gespielt – er ist jetzt wieder zu Hause – einer spielt Osama Bin Laden, ein anderer den iranischen Präsidenten und so weiter. Du kannst dir das gesamte Protokoll meiner Gespräche mit ihm während der Vorbereitungsphase von der Website der universellen Gottheit herunterladen, das e-Book, das wir davon gemacht haben. Es ist auch auf CD erhältlich, wenn du es lieber hören möchtest. Darin wird die ganze Strategie erklärt, deshalb würde ich dir auch dringend anraten, den Text zu lesen und dir die CD anzuhören.

Es wird dort klar erläutert, wie die augenblickliche Menschheit die Phase zwischen Zusammenbruch und Durchbruch ohne all zu viel Chaos und Leid hinkriegen kann. Wenn die Menschen Widerstand gegen den Prozess leisten, wird es echt hart und schmerzhaft werden. Das Beste wäre, sie würden die Herausforderung annehmen und konsequent mit der spirituellen Arbeit beginnen. Das wird die Energie deutlich verändern. Auf diese Weise können sie eine Katastrophe verhindern und den Prozess gut voranbringen. Ein Weg wäre es zum Beispiel, noch bewusster die Radikale Vergebung einzusetzen, das wird sowohl im privaten Bereich helfen, als auch gegenüber den politischen Führern.

Also, mach dich an die Arbeit und lies dir alles durch, Steve. Es ist eine wirklich große Aufgabe, aber ich bin mir sicher, du wirst es schaffen."

Damit verschwand Harley. Völlig verblüfft machte ich mich auf den Weg in die Bibliothek, um mir das e-Book und die CD zu holen. Fast wünschte ich, ich wäre doch besser mit Joe für den Irak eingeteilt worden. Aber – wer weiß, ob das nicht noch passieren wird? Vielleicht ist es ja auch so, dass der Krieg im Irak bereits die erste Phase des Zusammenbruchs eingeleitet hat?

Schon bald werden wir mehr wissen.

VORWORT ZU TEIL II

VORWORT ZU TEIL II

Was ich über mich sagen werde, wenn ich tot bin

In der Einführung zu diesem Buch habe ich die wichtigsten Fragen aufgezählt, die wir uns selbst stellen können:

Wer bin ich?
Warum bin ich hier?
Und was ist der Sinn meines Lebens?

Wir könnten auch hinzufügen: Was ist meine Mission? Was ist mein Ziel? Welchen Schritt sollte ich als Nächstes tun?

Durch die Geschichte in Teil Eins dieses Buchs hast du vielleicht schon die Antworten auf einige dieser Fragen gefunden, wenigstens im allgemeinen Sinne. Hoffentlich haben einige meiner Aussagen etwas in dir zum Klingen gebracht, unabhängig davon, dass sie auf meiner Methode der Radikalen Vergebung basieren.

Falls du das Konzept der Radikalen Vergebung noch nicht so genau kennst, habe ich dir in Teil Vier ab Seite 194 alle wesentlichen Grundannahmen dieser Methode zusammengestellt. Ich erläutere dort auch die wichtigsten Werkzeuge und gebe Hinweise, wie sie am Besten genutzt werden können. Aber zurück zu diesem Teil:

Ich vermute, dass du aus Steve Parkers Geschichte zumindest zwei Dinge gelernt hast:

a.) Es gibt keine Zufälle. Alles, was geschieht, hat einen Grund.

b.) Das Leben stellt nicht einfach eine Reihe zufälliger Ereignisse dar, sondern dient im Wesentlichen der Entfaltung eines vorher festgelegten göttlichen Planes. Dieser Plan wurde bedachtsam zusammengestellt, ist hochkompliziert – und enthält zusätzlich auch noch genügend Spielraum, um die Dinge nach unserem Willen und unseren Vorstellungen zu gestalten.

Wir sind spirituelle Wesen, die in diese Welt von Form und Dualität aufgebrochen sind, um das Bewusstsein der Universellen Intelligenz zu weiten und gleichzeitig bestimmte Lektionen für unser eigenes seelisches Wachstum zu lernen.

Offensichtlich ist es auch so, dass wir uns vor unserer Inkarnation mit anderen Seelen absprechen, um bestimmte Szenarien entstehen zu lassen, durch die wir wachsen können. Diese Seelen begegnen uns im Leben manchmal als Feinde, aber in Wirklichkeit sind sie unsere besten Begleiter und Lehrer. Ram Dass hat es einmal so ausgedrückt: „Der Planet Erde ist die Schule, das Leben ist der Lehrplan und unsere Mitmenschen sind unsere Lehrer."

Du kannst davon ausgehen, dass deine spirituelle Intelligenz die Chance zu wachsen selbst dann erkennt, wenn bestimmte Situationen spontan in dein Leben zu kommen scheinen. So kannst du zusätzliche Erfahrungen machen, aus denen du lernst. Alle diese Situationen mögen dir wie zufällige Ereignisse vorkommen, wie Unfälle, Unglück, Pech, Anschläge auf dein Leben und so weiter. Aber in Wirklichkeit sind sie das nicht. Sie sind selbsterschaffene Gelegenheiten, um den Trennungsschmerz zu spüren, denn das ist der Sinn der Sache. Die fiktive Geschichte in Teil Eins zeigt beispielhaft auf, wie es der Zweck unserer Reise ist, genau diesen Schmerz zu spüren.

Wichtig ist, dass du in diesem Zusammenhang nicht im Geringsten an das Konzept der Radikalen Vergebung glauben musst, damit es für dich funktioniert. Alles, was es braucht, ist ein bisschen Bereitschaft und Offenheit für die Möglichkeit, dass meine Ideen zumindest einen Funken Wahrheit enthalten. Setze die Werkzeuge der Radikalen Vergebung einfach ein – und warte ab, was geschieht. Skepsis ist eine sehr gesunde Haltung. Sie wird dich nicht daran hindern, vom Prozess der Radikalen Vergebung zu profitieren. Ganz im Gegenteil: Gerade bei kritischen Menschen sind die Ergebnisse oft besonders deutlich und werden in einer Weise erlebt, die an Wunder grenzt.

Wenn ich in der Geschichte einige Dinge in Bezug auf den Tod, das Leben nach dem Tod bzw. den Sinn des Lebens anspreche, so stammen diese Einsichten weder ausschließlich von mir, noch sind sie neu. Und um es offen anzusprechen: Ich persönlich bezweifle, dass sie der Wahrheit auch nur nahe kommen. Niemand von uns kennt die Wahrheit wirklich – wir sind alle noch nicht genug entwickelt, um die wunderbare Dimension der spirituellen Ganzheit vollständig verstehen zu können. Meine Leistung besteht deshalb nur darin, die Dinge auf meine Weise so weiterentwickelt zu haben, dass sie mit dem Konzept der Radikalen Vergebung übereinstimmen. Zum jetzigen Zeitpunkt erscheinen mir meine Annahmen als durchaus vernünftig, wenn man die Grenzen unseres Wissens und unserer Intuition in Bezug auf spirituelle Dinge berücksichtigt.

Die Erfahrung hat mir auch gezeigt, dass diese Ideen schon deshalb nützlich sind, weil sie eine positive und heilende Wirkung haben. Das Leben funktioniert einfach besser, wenn wir uns in den Schwingungsfeldern aufhalten, die diese Vorstellungen in und um uns herum schaffen. Wir strahlen mehr Liebe aus, zeigen mehr Mitgefühl und sind mehr mit uns selbst im Einklang. Außerdem ist unser Handeln mehr von Demut getragen und wir sind eher geneigt, das Gute in den Menschen zu sehen. Das ist doch schon mal ganz positiv. Oder?

Trotzdem bitte ich dich, meine Gedanken nicht blind als die absolute Wahrheit aufzufassen, was sie wahrscheinlich auch nicht sind. Ich lade dich vielmehr ein, im folgenden Abschnitt ein wenig damit zu *spielen* und abzuwarten, was geschieht. Ich sage bewusst, du sollst mit ihnen spielen, weil es eine Möglichkeit ist, diese Ideen als intellektuelle Übung zu betrachten. Es ist jedoch etwas völlig anderes, sie lebendig in den Alltag zu integrieren. Erst dann werden sie deinem Leben Bedeutung und Richtung geben. Und genau dafür habe ich dieses Buch geschrieben.

So, wie ich Steve Parkers *fiktive Geschichte* entwickelt habe, um Leben und Tod aus der Perspektive der Radikalen Vergebung eine Bedeutung zu geben, schlage ich dir vor, jetzt diese Vorlage zu benutzen, um die Bedeutung *deines eigenen Lebens* herauszufinden. Dafür nutze bitte die Arbeitsblätter und mache die Übungen, die ich in den folgenden Abschnitten vorstellen werde. Sie sind so konzipiert, dass sie dir eine klare Richtung für deine aufregende Forschungsreise liefern.

Stell‘ dir einfach vor, du wärst gerade gestorben und würdest jetzt deine Lebensrückschau durchführen, wie Steve es gemacht hat. Vielleicht fragst du dich dann: „An welchem Punkt meiner Reise befinde ich mich wohl gerade?“ Oder vielleicht sogar: „Bin ich bereits erwacht?“

Meine Antwort ist eindeutig: Du hättest dieses Buch niemals in die Hand genommen, wenn du dich nicht zumindest irgendwo inmitten deines Erwachensprozesses befinden würdest.

Erinnerst du dich noch an die Geschichte, als ich dir das Diagramm zum ersten Mal vorgestellt habe? Dort hatte ich bereits erklärt, dass die Zeitspanne, die kurz vor dem Erwachen liegt,

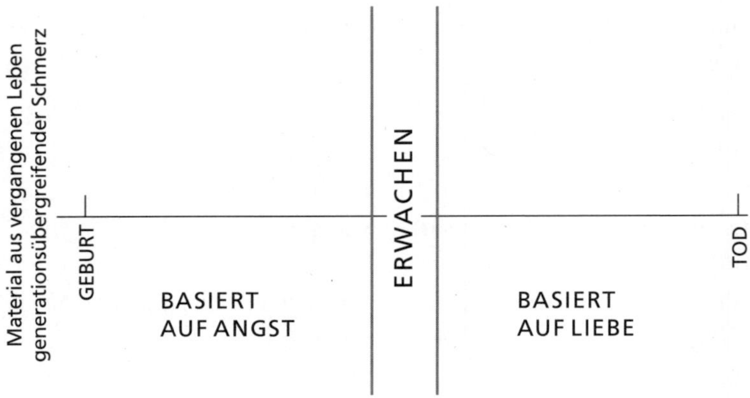

auch die Phase im Leben eines Menschen ist, in der man noch ziemlich unbewusst ist und jenseits der Oberfläche der Erscheinungen keine geistige Realität vermutet. Der Fokus liegt allein auf dem Überleben, auf materiellem Erfolg und der Anhäufung von Reichtum. Man versucht, möglichst viele Aspekte des Lebens im Griff zu behalten und sieht die Sache mehr oder weniger als Nullsummenspiel. Kurzum, man hat ein Opferbewusstsein und agiert auch von diesem Standpunkt aus. Das ist eine Lebensweise, die auf Angst basiert.

Vom geistigen Standpunkt aus betrachtet, hat das alles seinen Sinn, denn dies ist auch die Zeit, in der die Spirituelle Intelligenz uns unsere Trennungserfahrungen beschert. Du weißt ja, dies sind die Erfahrungen, die uns helfen, die Menge an *karmischen Einheiten* anzusammeln, die wir uns vor unserem Erwachen vorgenommen haben. Das verlangt auf jeden Fall, dass wir uns um die geistige Realität, von der wir in diesem Buch sprechen, überhaupt nicht kümmern, oder uns dessen noch absolut nicht bewusst sind. Denn ohne das Gefühl Opfer der Umstände zu sein, würden uns unsere Erfahrungen nicht die Menge an *Angst und Isolation* vermitteln, die wir erleben wollten, um unsere karmischen Einheiten zu erwerben. Würden wir schon jetzt die geistige Vollkommenheit in allem was passiert erkennen und unsere Feinde immer als unsere Lehrer sehen, könnten wir nur wenig aus der Erfahrung lernen. Mit anderen Worten: Das wäre nicht sehr hilfreich und wir hätten genauso gut *zu Hause* bleiben können.

Ganz egal, ob dieses Buch deine erste Satori Erfahrung begleitet oder nicht: Die Tatsache, dass es überhaupt in deinen Besitz gelangt ist, ist garantiert nicht zufällig. Das gilt natürlich auch für die anderen Ereignisse in deinem Leben, die dich an den Punkt des Erwachens gebracht haben. Du hattest bereits viele Satoris und wirst bestimmt noch mehr solcher Erleuchtungsmomente auf deiner spirituellen Reise erleben.

Aber da es sich bei diesem Buch um ein spirituelles Werkzeug für recht erfahrene Menschen handelt, gehe ich davon aus, dass du auch schon andere Bücher, die in eine ähnliche Richtung gehen, gelesen hast. Oder du hast dich auf Seminaren mit diesen Themen beschäftigt. Deshalb ist es auch recht wahrscheinlich, dass du mit deinem Erwachensprozess bereits recht gut auf dem Weg bist.

So, das waren jetzt genug Erläuterungen. Bist du bereit zu beginnen? Dann markiere jetzt bitte auf der Zeitlinie der Grafik auf der Seite 82 den Punkt ↓ , von dem du annimmst, gerade zu sein. Unterhalb der Linie notiere bitte, wie alt du bist.

Zusatzbemerkung: Selbst wenn du mir zustimmst, dass du dich gerade in einem Bereich befindest, der kurz vor, mitten drin oder schon nach dem Erwachen liegt, bedeutet das nicht zwangsläufig, dass du schon die Hälfte deines Lebens hinter dir hast. Ich will damit nur sagen, dass normalerweise das Erwachen um diesen Zeitpunkt herum passiert. So habe ich es zumindest bei den Teilnehmern meiner Workshops zur Radikalen Vergebung beobachten können. Sie sind in der Regel aus genau den Gründen, die ich vorher erwähnt habe, am Punkt des Erwachens angelangt und liegen vom Alter her meist etwas über 40, teilweise sind sie aber auch schon in den späten 50ern und 60ern.

Es klingt ja auch recht plausibel, dass zumindest 40 Jahre oder mehr im Land des Opferbewusstseins nötig sind, um ausreichend Angst und Isolation erfahren zu haben. Diejenigen, die an vergangenen Leben oder am Schmerz vorheriger Generationen arbeiten, kommen vielleicht ein wenig schneller an diesen Punkt.

C. G. Jung hat das in etwa so ausgedrückt: „Die erste Hälfte unseres Lebens verbringen wir damit, unser Ego zu erkennen und zu akzeptieren, und die zweite Hälfte damit, es wieder los zu werden."

Ich bin mir sicher, dass dir dieses Abenteuer der Selbstfindung große Freude machen und dein Leben entscheidend verändern wird. Mach dich bereit zum Ritt deines Lebens – auf 'ner Harley in den Himmel!

TEIL II

Forschungsaufgaben zur persönlichen Lebensrückschau

Forschungsaufgabe (FA) 1
Überbleibsel aus vergangenen Leben

Ich empfehle eigentlich nur selten, viel Zeit auf diesen Teil der Recherche zu verwenden. Generell habe ich den Eindruck, dass es schon schwierig genug ist, mit dem Material umzugehen, das wir in diesem Leben kreiert haben. Von daher sollten wir uns nicht zusätzlich mit der Analyse vergangener Leben belasten.

Ich erwähne das auch, weil die meisten Menschen nur sehr wenig darüber wissen, was in vergangenen Leben passiert ist. Obendrein sind diese Informationen oft sehr fragwürdig und kommen von Menschen, die behaupten, solche Dinge zu *sehen.* Die Quellen stammen meist aus sogenannten Rückführungen in vergangene Leben oder aus entsprechenden Hypnose Sitzungen.

Ich bin ziemlich skeptisch, was die Ergebnisse dieser Rückführungen betrifft, egal, in welcher Form sie angeboten werden. Viele Patienten verwenden diese Informationen lediglich, um ihre Opferhaltung zusätzlich zu rechtfertigen. Das sage ich, obwohl ich lange Zeit selbst als Hypnotherapeut gearbeitet habe und ebenfalls Rückführungen durchgeführt habe.

Natürlich kann es sein, dass durch solche Methoden ein Fünkchen Wahrheit aufscheint. Aber daraus Fakten ableiten zu wollen, klingt mir doch recht abenteuerlich.

Allerdings gibt es auch hier eine Ausnahme: Wenn du den sicheren Eindruck haben solltest, dass ein oder sogar mehrere vergangene Leben einen starken Einfluss auf dein jetziges Leben ausüben, solltest du diese Informationen auf jeden Fall in deine Analyse mit einbeziehen.

Meiner Erfahrung nach können sich Leute, die von Erfahrungen vergangener Leben berichten, meist an die Todesart ihres vorigen Lebens erinnern. Sie sehen darin etwas, das auch jetzt noch Einfluss auf ihr Leben hat.

So hatte ich zum Beispiel einmal eine Klientin, die eine unerklärliche Angst vor Feuer hatte. Obwohl sie in diesem Leben nicht gerade die besten Erfahrungen mit Flammen gemacht hatte, musste die Angst aus einer Erfahrung stammen, die älter als ihre aktuellen Erlebnisse war. Als wir gemeinsam die Rückführung machten, durchlebte sie noch einmal, wie sie bei lebendigem Leibe in einem häuslichen Brand umkam. Das war zwar eine sehr traumatische Erfahrung für sie, aber letztendlich wurde sie dadurch von ihrer Feuerphobie geheilt.

Aufgaben:

1. Bitte schreibe alle Informationen aus vergangenen Leben auf, die dir wichtig oder sinnvoll erscheinen.
2. Untersuche in jedem Fall, ob diese Information Einfluss auf dein jetziges Leben hat, und wenn ja, wie das geschieht.
3. Wie viele karmische Einheiten hast du dir deiner Meinung nach für diesen Schmerz verdient?

Hinweis des Verlages: Da sich in einem Buch meist nicht genügend Platz zum Bearbeiten der Übungsaufgaben einplanen lässt, empfehlen wir, die Fragen in einem gesonderten Tagebuch, Mitschreibebuch o.ä. zu bearbeiten. Dies dient auch zum Schutze Ihrer Privatsphäre. Oder aber Sie bewahren das gesamte Buch an einem geschützten Ort auf, um Ihre privaten Notizen nicht jedem zugänglich zu machen.

Forschungsaufgabe 2
Generationenschmerz

In meinen Workshops zur Radikalen Vergebung entdecke ich immer wieder, dass der Schmerz, den die Teilnehmer erleben, etwas mit vergangenen Generationen zu tun hat. Er lässt sich auf frühere Generationen der Familie zurückführen und wird dann normalerweise an die nächste Generation weitervererbt.

Besonders deutlich kann man dies in den USA an den schmerzhaften Wunden erkennen, die uns aus der Geschichte der Sklaverei bekannt sind. Schwarze Amerikaner tragen den damit verbundenen Schmerz von Generation zu Generation weiter.

Ein anderes Beispiel ist der Holocaust. Auch wenn die meisten Überlebenden des Holocausts schon tot sind, kannst du sicher sein, dass die Juden den Schmerz dieser Erfahrung auch an zukünftige Generationen weiterreichen werden.

Bedenke aber auch Folgendenes: Selbst wenn ich in diesem Buch behauptet habe, dass wir inkarnieren, um den Trennungsschmerz zu erfahren, glaube ich nicht, dass wir deswegen Masochisten sein müssen. Wenn man jahrelang an unterdrücktem Schmerz festhält oder ihn von einer Generation an die nächste weitergibt, sammelt man dadurch nicht automatisch mehr karmische Pluspunkte an.

Aus der großen Perspektive heraus, ist es viel sinnvoller, im Hier und Jetzt durch den Schmerz hindurch zu gehen, ihn vollständig zu erleben und ihn dann auch wirklich loszulassen. Ihn zu unterdrücken und dann an die Kinder weiterzugeben, bringt uns keine Pluspunkte. Darüber hinaus stellt diese Verdrängung des Schmerzes eine ziemlich schwache Herausforderung zum Lernen für diejenigen dar, die den Schmerz dann für uns austragen müssen. All das lenkt nur von der eigenen Reise ab. Der Empfänger verdient sich dadurch nicht besonders viele karmische Einheiten, und wir drücken uns davor, die Erfahrung selbst zu machen.

Nehmen wir zum Beispiel die Eltern / Kind Situation: Auch heute tragen viele Leute noch immer den Schmerz ihrer Eltern oder eines Elternteils mit sich herum – ihre Enttäuschungen, ihre Ängste, ihre Verletzungen, ihre Trauer, und so weiter. Häufig ist es auch der Schmerz der Großeltern.

Die Übertragung passiert meist dann, wenn das Kind den Schmerz der Eltern erfährt oder Zeuge davon wird. Da die Lebensenergie des Kindes in der Regel stärker und reiner ist als die des entsprechenden Erwachsenen, bietet sich das Kind auf einer unbewussten Ebene *freiwillig* an, die Schmerzensenergie zu übernehmen, um dem jeweiligen Elternteil durch schwierige Zeiten hindurch zu helfen. Da aber mit dem Schmerz oft negative Emotionen und Energien verbunden sind, wird dies sowohl vom Kind als auch vom entsprechenden Elternteil unterdrückt. Das Ergebnis ist, dass das Kind den Schmerz dauerhaft als Stellvertreter übernimmt, und das Elternteil ihn nie zurückbekommt.

Das ist aber weder für den Erwachsenen noch für das Kind gut. Der Erwachsene kann nicht mehr von der Erfahrung profitieren, weil das Kind ihm den Schmerz abgenommen hat, und zwar nicht nur vorübergehend, sondern für immer. Zusätzlich hat das Kind dem betreffenden Elternteil dadurch sogar einen Schaden zugefügt, denn es hat ihm nicht den Schmerz gelassen, den er oder sie durcharbeiten wollte, um davon zu lernen. Auch das Kind zieht keinen Gewinn daraus, denn es ist nicht sein eigener Schmerz. Im Endeffekt wird dadurch das Erwachen für alle Beteiligten verzögert. Deshalb rate ich meinen Klienten immer, den Schmerz zurückzugeben, ganz gleich, ob der betroffene Elternteil noch lebt oder schon tot ist.

In den vergangenen Jahren wurden einige interessante wissenschaftliche Arbeiten veröffentlicht, die die hier vertretene Theorie bestätigen. Offensichtlich werden Emotionen in einer Matrix biochemischer Reaktionen übertragen, die bestimmte genetische Informationen an bzw. abschalten.

Noch bis vor wenigen Jahren nahm man an, dass in unserer DNS lediglich festgelegt ist, wie und welche Informationen wir weitervererben. Neuere Forschungen zeigen nun, dass sogar Erlebnisse und emotionale Erfahrungen von Generation zu Generation weitergegeben werden. Wie dies geschieht, hängt unter anderem auch von der physischen und emotionalen Umgebung des jeweiligen Menschen ab.

Um diesen Fragen etwas auf die Spur zu kommen, habe ich die folgenden Übungen ausgewählt. Bitte prüfe wie groß deiner Meinung nach der Anteil des Schmerzes ist, den du von deinen Eltern, deinen Großeltern und ihren Vorfahren übernommen hast. Indem du diese Frage korrekt beantwortest, erhältst du vielleicht einen wichtigen Schlüssel, um dich von großen Mengen unerlösten Schmerzes zu befreien.

AUFGABE:

Schreib die Namen aller Mitglieder deiner Ursprungsfamilie auf, wenigstens bis zurück zu deinen Großeltern beiderseits, wenn möglich:

- Schreib neben jeden Namen die emotionalen Themen, von denen du glaubst, dass sie das Leben dieser Menschen bestimmt haben.

- Dann frag dich, ob irgendeines dieser Themen auch in deinem Leben aufgetreten ist. Mach dir eine Notiz, wenn dein augenblickliches Verhalten mit irgendeinem dieser Themen in Verbindung zu stehen scheint.

Mutter ______________________________

Vater ______________________________

Geschwister ______________________________

Großmutter mütterlicherseits ______________________________

Großvater mütterlicherseits ______________________________

Großmutter väterlicherseits ______________________________

Großvater väterlicherseits ______________________________

Dinge, die mir in diesem Zusammenhang
in meinem eigenen Leben auffallen ______________________________

Forschungsaufgabe 3
7500 karmische Einheiten

Da wir in diesem Buch eine Vorlage benutzen, die auf Steve Parkers Lebensrückschau basiert, wollen wir zur Vereinfachung annehmen, dass auch du dich entschieden hast, vor deinem Erwachen 7500 karmische Punkte anzusammeln. Wie Steve hast du während der Phase des Erwachens vielleicht noch zusätzliche Dramen erzeugt und so weitere Punkte erworben. Das ist okay. Wir lassen das jetzt erst mal weg und kommen später noch einmal darauf zurück.

Erinnerst du dich noch? Eine karmische Einheit ist das Maß des Trennungsschmerzes in der Zeit. Die Maßeinheit ist gleichzusetzen mit einer Stunde bei Minus 50 auf einer Schmerzenstabelle zwischen null und minus 100. Minus 100 ist der größte Schmerz, den ein Mensch ertragen kann.

Wenn wir also davon ausgehen, dass 7500 Einheiten dein Ziel ist, und dass du diese Zahl schon erreicht hast, weil du dieses Buch gar nicht erst zur Hand genommen hättest, wenn es nicht so wäre, kannst du jetzt einfach eine geschätzte Zahl für den Schmerz aus vergangenen Leben und deinen übernommenen Generationenschmerz eintragen. Unter Umständen wirst du die Zahl später modifizieren müssen, wenn du dein Leben vollständig untersucht hast. Trag jetzt einfach deine intuitiv geschätzten Zahlen ein, denn so erhalten wir wenigstens schon mal einen Ansatzpunkt.

Meine Summe an Schmerz aus vergangenen Leben: __________

____

____

____

____

Meine Summe an Schmerz aus vorherigen Generationen: _____

____

____

____

____

Forschungsaufgabe 4
Deine emotionale Vorgeschichte

Nachdem du abgeschätzt hast, wie groß der Schmerz ist, den du von deinen Vorfahren und aus vergangenen Leben mitgebracht hast, besteht dein nächster Schritt nun darin, so viele emotionale Ereignisse wie möglich aufzulisten, die sich in deinem augenblicklichen Leben von der Geburt bis heute ereignet haben.

Bitte versuche bei jedem Ereignis einzuschätzen, wie schmerzhaft es für dich war, als es passierte und gib ihm die Anzahl karmischer Einheiten, die du deiner Meinung nach durch das damit verbundene Gefühl von Enge und Isolation erworben hast. (Du solltest einen Bleistift benutzen, denn unter Umständen wirst du deine Bewertung der Ereignisse im Laufe des Forschungsprozesses mehrfach anpassen müssen, um am Ende bei 7500 Einheiten zu landen).

Manchen Menschen fällt es gar nicht so leicht, sich vollständig an alles zu erinnern, was ihnen passiert ist, besonders, wenn es sich um unangenehme, beschämende oder insgesamt traumatische Erfahrungen handelt. Sich gegen den Schmerz wehren zu wollen, indem man die Erinnerung verdrängt, ist ganz natürlich.

Eine andere Strategie, unangenehme Erinnerungen zu unterdrücken, besteht darin, sie totzuschweigen. Diese Verhaltensweise lässt sich häufig bei Männern beobachten, die aus dem Zweiten Weltkrieg heimgekehrt sind und dabei viele extrem traumatische Situationen im Gepäck hatten. Viele von ihnen sind gestorben, ohne jemals auch nur ein Wort von den schrecklichen Dingen erzählt zu haben, die sie erlebt haben.

AUFGABEN:

1. Nimm dir einen Schreibblock oder ein Notizbuch und notiere auf der ersten Zeile das Jahr deiner Geburt. Dann lass eine Linie frei und trag auf die dritte Zeile die nächstfolgende Jahreszahl ein, und so weiter. Mit anderen Worten, nimm dir zwei Zeilen für jedes Kalenderjahr.

2. Versuche nun, dich an das zu erinnern, was für dich in dem jeweiligen Kalenderjahr besonders wichtig war. Egal, was es war, ob gut oder schlecht, schmerzhaft oder erfreulich. Wenn dir mehr als ein Ereignis einfällt, prima, aber versuche, wenigstens eines für jedes Jahr zu finden. Natürlich darfst du deine Familie oder Freunde um Hilfe bitten.

3. Schreib neben jedes Ereignis eine Zahl zwischen 0 und 10, um das Ausmaß des emotionalen Stresses, der damit verbunden war, zu bewerten. 10 steht für eine extreme Belastung, 0 für keinerlei Stress.

4. Achte besonders auf die Jahre in deiner Kindheit, zu denen dir noch nichts einfällt. Möglicherweise hast du die Erinnerung an das, was damals passiert ist, unterdrückt. Hier lohnt es sich, genau hinzuschauen! Bitte andere um Hilfe, aber vermeide irgendwelche phantastischen Deutungen und hüte dich vor Menschen, die dir irgendetwas einreden wollen – wie zum Beispiel, dass du missbraucht wurdest oder so etwas Ähnliches. Es gibt genügend Fälle, wo durch spekulative Vermutungen viel unnötiger Schmerz entstanden ist. Hüte dich vor solchen Dingen, wenn du deine Untersuchung machst.

Achtung:

Sei nicht überrascht, wenn dich diese Arbeit emotional beunruhigt oder aufwühlt. Es kann sein, dass dabei eine Menge tief verschüttetes Material hochkommt. Wenn es sich jetzt bemerkbar macht, ist das ein gutes Zeichen, denn es bedeutet, dass es an die Oberfläche kommt, um noch einmal gefühlt zu werden, bevor es sich endgültig auflösen kann. Falls du jedoch feststellst, dass du durch diese Arbeit mental oder emotional sehr instabil wirst, geh bitte den sicheren Weg und mach zumindest eine Pause. Eventuell möchtest du dann lieber mit der Unterstützung eines qualifizierten Psychotherapeuten weitermachen. Bitte schau, dass er oder sie auch ein Coach für Radikale Vergebung ist. Entsprechende Therapeuten findest du im deutschsprachigen Raum auf der Website

www.tipping-methode.de

Forschungsaufgabe 5

Zahlenmuster

In der Geschichte erkannte Steve Parker, dass es ein Muster in seinem Leben gab, in dem die Nummer zehn eine Rolle spielte. Alle zehn Jahre tauchten Situationen auf, die sich von ihrer emotionalen Wirkung her ähnelten. Solche Muster kommen bei vielen Menschen vor, deshalb könnte es auch für dich interessant sein, hier mal genauer hin zu schauen.

AUFGABEN:

1. Kehr zu deiner Liste emotionaler Ereignisse zurück und untersuche, ob du dort mehrfach wiederkehrende Zeitabstände oder ähnliche Zahlenmuster erkennen kannst.

   Muster 1: alle ______________________ Wochen/Monate/Jahre

   Muster 2: alle ______________________ Wochen/Monate/Jahre

   Muster 3: alle ______________________ Wochen/Monate/Jahre

2. Untersuche, ob dich eine wiederkehrende Zahl auf den ersten Zeitpunkt hinweist, an dem die Verletzung stattfand. Stell dir zum Beispiel vor, du entdeckst ein Muster mit der Zahl neun.

Schau dir deine Liste an und frag dich, was ist passiert, als ich neun Jahre alt war? Was habe ich damals erlebt, das in meinem späteren Leben, wenn auch in versteckter Form, immer wieder aufgetaucht ist? Es könnte sich dabei um das emotionale Ereignis handeln, das zu einer Entscheidung führte, die dich dein Leben lang beeinflusst hat.

Im Alter von ___ passierte Folgendes: ____________________

____

____

____

____

Als Ergebnis dieser Erfahrung habe ich aller Voraussicht nach eine Lebenseinstellung entwickelt oder innere Muster und Glaubenssätze über mich und andere entworfen, die in unterschiedlichen Situationen immer wiederkehren.

Diese lauten: ____________________________

____

____

____

____

Zusatzbemerkung: Wie du ja inzwischen weißt, war das vollkommen sinnvoll, weil es den Schmerz der ursprünglichen Wunde ausgeblendet hat. Aber da du ja inzwischen den Punkt erreicht hast, wo das nicht mehr nötig ist, solltest du die Werkzeuge der Radikalen Vergebung dafür benutzen, dein System von solchen einengenden Entscheidungen zu befreien. Jetzt ist es an der Zeit, neue Glaubenssätze zu formulieren, die auf deinem aktuellen Wissen und Verständnis dessen, wer du bist und worum es in deinem Leben wirklich geht, beruhen (siehe auch Teil Vier).

Forschungsaufgabe 6
Der Beziehungsfragebogen

Bevor du die Daten weiter analysierst, die du in den Forschungsaufgaben 4 & 5 generiert hast, lohnt es sich, den nun folgenden Fragebogen auszufüllen. Er soll dir helfen zu erkennen, wie du alle Erfahrungen in deinem Leben selbst erschaffen hast. Das trifft besonders auf dein Verhalten in Beziehungen zu. Unter Umständen wirst du erkennen, wie du Beziehungen als Mittel benutzt hast, um schmerzhaft zu spüren, wie sehr du ein isoliertes Wesen bist. Im Gegenzug hat dir das natürlich viele karmische Einheiten eingebracht.

BEZIEHUNGSFRAGEBOGEN

1. Schau dir alle deine Liebesbeziehungen seit deiner Zeit als Teenager an und prüfe, ob die folgenden Punkte auch für dich zutreffen:

- Meine Beziehungen sind immer ungefähr gleich lang, bevor sie sich auflösen. ______________________ **Ja/Nein**
- Mein Partner/Partnerin ähnelt vom Charakter und vom Verhalten her meinem Vater/meiner Mutter. ________ **Ja/Nein**
- Ich scheine in meinen Beziehungen immer wieder denselben Menschentyp anzuziehen. ____________ **Ja/Nein**

- Mit scheint es nicht zu gelingen, eine langfristige Beziehung aufzubauen. ______________________ **Ja/Nein**

- Ich fühle mich am Ende immer verletzt. ___________ **Ja/Nein**

2. Sind irgendwelche der folgenden Phänomene wiederholt in deinen Beziehungen aufgetaucht?

_____ Untreue

_____ Verlassen werden

_____ Massive Respektlosigkeit

_____ Missachtet und ignoriert zu werden

_____ Belogen und unzureichend informiert zu werden

_____ Kontrolle und Manipulation

_____ Betrug

_____ Körperlicher Missbrauch

_____ Emotionaler Missbrauch

_____ Massive Ablehnung

_____ Bestrafung

_____ Anderes

Wenn du irgendeine dieser Fragen mit **JA** beantwortet hast, erlebst du hier die Widerspiegelung eines negativen Glaubenssatzes, mit dessen Hilfe du dir regelmäßig Situationen erschaffst, die dein Bedürfnis, auf diese Weise behandelt zu werden, befriedigen. So kannst du eine Menge Schmerz und dementsprechende karmische Einheiten mit relativ geringem Energieaufwand erzeugen.

Aber bitte beachte: Du hast jetzt einen Punkt erreicht, wo du das nicht mehr brauchst. Wenn du hier die Werkzeuge der Radikalen Vergebung anwendest, werden sich diese Muster automatisch auflösen. Dann wird sich dein Verhalten nicht weiter wiederholen (Mehr dazu in Teil vier).

Forschungsaufgabe 7
Die bisherige Reise in die Grafik übertragen

An diesem Punkt solltest du einen ziemlich guten Überblick über all die Situationen und Dramen haben, die du in den frühen Abschnitten deines Lebens kreiert hast, um deine 7500 karmischen Einheiten anzusammeln. Jetzt wollen wir deine Reise auf der horizontalen Zeitlinie eintragen, wie wir es bei Steve in der Geschichte gesehen haben (Bitte schau, dass die Unterlage groß genug ist, damit genügend Details darauf passen).

Es ist nicht nötig, das Ganze absolut ernsthaft anzugehen. Wir können uns dem Sachverhalt sowieso nur annähern. Aber es macht Spaß, und am Ende hast du eine grafische Abbildung – nicht nur deines Lebens, sondern auch deiner Seelenreise, bis zum Punkt deines Erwachens.

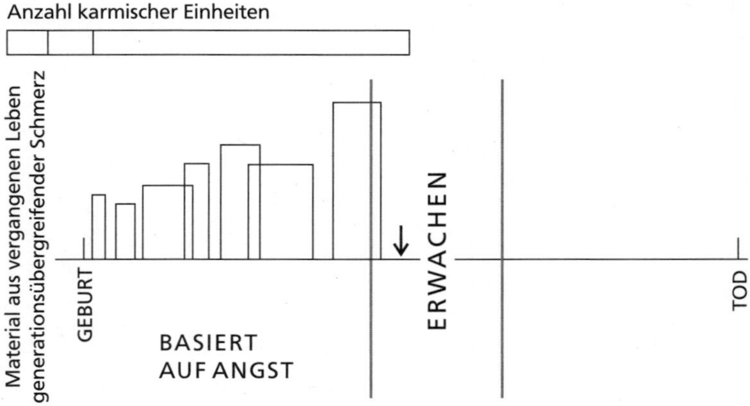

Aufgaben:

1. Übertrage die Anzahl deiner karmischen Punkte aus der Forschungsaufgabe I (Überbleibsel aus vergangenen Leben) und deinen mitgebrachten Generationenschmerz in die kleinen Kästchen links oben.

2. Wähle die wichtigsten emotionalen Ereignisse von deiner Liste aus Forschungsaufgabe 4 aus (ich würde vorschlagen, du nimmst die, die du höher als 3 bewertet hast) und füge sie in chronologischer Reihenfolge auf der Zeitlinie ein. Einige dauerten vielleicht länger als andere, manche haben sich möglicherweise auch überlappt. Schätze locker ein, wie viel karmische Einheiten dir jedes von ihnen eingebracht hat. Manche dieser Ereignisse mögen

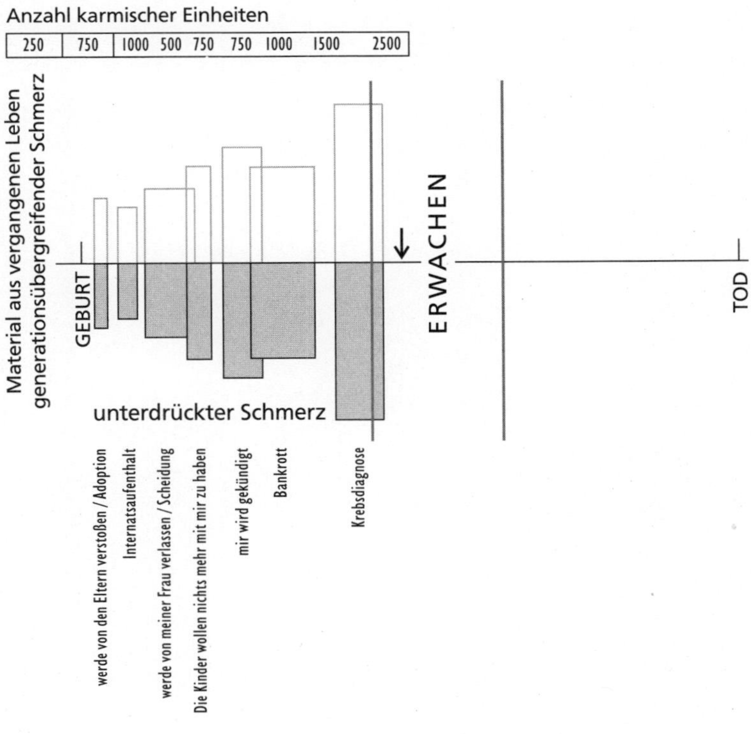

schmerzhafter gewesen sein als andere, waren dafür aber kürzer und umgekehrt. Die Gesamtsumme sollte 7500 Punkte ergeben.

3. Zeichne unterhalb der Linie in Blockform ein, wie viel Schmerz du möglicherweise unterdrückt oder auf andere projiziert hast, damit du das Leid ertragen konntest.

Deine Grafik wird dann in etwa so aussehen wie die auf Seite 105.

Forschungsaufgabe 8
Unnötiger Energieverbrauch

Nachdem du jetzt deinen Schmerz aus der Vergangenheit ermittelt hast und ihm die karmischen Einheiten zugewiesen hast, die damit verbunden waren, wollen wir das Ganze ein bisschen mehr *auf den Boden der Tatsachen* zurückbringen. Das soll dir helfen zu erkennen, wie viel Lebensenergie es dich gekostet hat, die Geschichten wie vorgesehen ablaufen zu lassen. Die Idee mit den karmischen Einheiten ist mehr ein geistiges Modell, aber die Lebensenergie ist etwas Reales, etwas, das ganz praktisch für jeden von uns bedeutsam ist.

In ihrem Buch ‚Mut zur Heilung. Wie Sie Ihre Energien nutzen, um gesund zu werden' stellt Caroline Myss dieses Thema sehr anschaulich vor. Sie zeigt, dass – obwohl die universelle Energie unbegrenzt ist – wir für jeden Augenblick unseres Lebens nur einen Teil dieser Energie zur Verfügung haben, um unser Leben aktiv zu gestalten. Das bedeutet, um möglichst viel zu erreichen, sollten wir unsere Energie bewusst und effektiv einsetzen. Denn wenn wir sie lediglich verwenden, um unsere *kleinen Geschichten* ablaufen zu lassen, egal, ob es sich dabei um Vergangenes oder Zukünftiges handelt, bleibt nur noch wenig Energie für das JETZT übrig.

In der nun folgenden Grafik (Seite 108) habe ich versucht, dir dies ein wenig zu veranschaulichen.

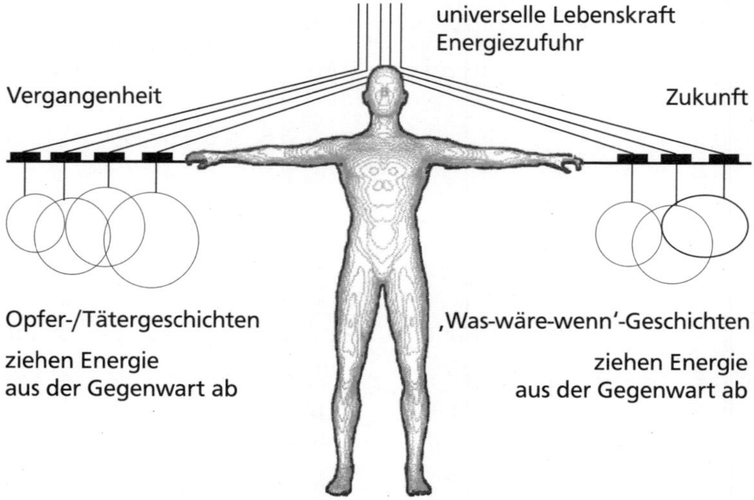

Es ist wichtig zu verstehen, dass unsere Opfergeschichten energetisch eine Menge Energie verbrauchen. Je tiefer sie unterdrückt werden, desto mehr Energie wird gebunden, um sie dort zu halten. Bildlich ausgedrückt ist es so, als würdest du einen Ball unter Wasser drücken. Da er mit Luft gefüllt ist, will er immer wieder an die Oberfläche. Je mehr du ihn nach unten drückst, desto mehr Kraft brauchst du, um ihn unter Wasser zu halten. In derselben Weise verlieren wir eine Menge Energie mit ‚Was wäre wenn' Geschichten, in denen wir uns die ganze Zeit Sorgen um Vergangenes oder die Zukunft machen.

Mit anderen Worten, du hast dann nicht einmal mehr genug Kraft, um deinen Körper gesund zu halten oder ihn zu heilen. Caroline Myss sieht darin die Erklärung, warum solche Geschichten auch einen schlechten Gesundheitszustand und Krankheiten hervorrufen.

Vom Standpunkt der Radikalen Vergebung aus betrachtet sehe ich das ähnlich. Wenn du mit deiner Energie nicht in der Gegenwart lebst, ist es wenig wahrscheinlich, dass du das anziehst, was du dir im Leben wünschst.

Aufgaben:

A.) Opfer-/Tätergeschichten

Geh zurück zur Forschungsaufgabe 7. Schau dir jede Geschichte an, für die du karmische Punkte angesammelt hast, um den Schmerz zu erdulden. Versuche ehrlich einzuschätzen, wie viel deiner Lebensenergie es dich JETZT kostet, um diese Geschichten WEITER AUFRECHTZUERHALTEN. Geh davon aus, dass du zu jeder Zeit maximal 100 Energieeinheiten für dein gesamtes Leben zur Verfügung hast.

Bedenke, dass du nicht alle Einheiten auf die Geschichten verteilen musst und dass dich eine Geschichte um so mehr kostet, je mehr du sie unterdrückst. Unter diesem Gesichtspunkt kannst du jetzt jede deiner Opfergeschichten mit einer Punktzahl bewerten:

Geschichte # 1: Von den 100 Energieeinheiten, die mir zur Verfügung stehen, investiere ich in diese *Opfer-/Täter*geschichte immer noch etwa _____ Einheiten.

Geschichte # 2: Von den 100 Energieeinheiten, die mir zur Verfügung stehen, investiere ich in diese *Opfer-/Täter*geschichte immer noch etwa _____ Einheiten.

Geschichte # 3: Von den 100 Energieeinheiten, die mir zur Verfügung stehen, investiere ich in diese *Opfer-/Täter*geschichte immer noch etwa _____ Einheiten.

Geschichte # 4: Von den 100 Energieeinheiten, die mir zur Verfügung stehen, investiere ich in diese *Opfer-/Täter*geschichte immer noch etwa _____ Einheiten.

Geschichte # 5: Von den 100 Energieeinheiten, die mir zur Verfügung stehen, investiere ich in diese *Opfer-/Täter*geschichte immer noch etwa _____ Einheiten.

Geschichte # 6: Von den 100 Energieeinheiten, die mir zur Verfügung stehen, investiere ich in diese *Opfer-/Täter*geschichte immer noch etwa _____ Einheiten.

B.) ‚Was-wäre-wenn?'-Geschichten

Mir ist klar, dass du deine ‚Was-wäre-wenn?'-Geschichten noch gar nicht aufgeschrieben hast. Aber da sie genauso viel Energie abziehen wie die anderen Geschichten, die mit deiner Vergangenheit zusammenhängen, ist es sinnvoll, dass wir sie uns jetzt anschauen, um einzuschätzen, wieviel Energie zusätzlich durch sie abfließt.

Bitte schreib eine Liste mit den Themen auf, über die du dir dauernd Sorgen machst und entwerfe mentale Szenarien für das, was im schlechtesten Fall dabei herauskommen könnte.

Die Themen meiner ‚Was-wäre-wenn?'-Geschichten:

1. ______________________________

____

2. ______________________________

____

3. ______________________________

____

4. ______________________________

____

‚Was-wäre-wenn?'-Geschichte # 1: Von den 100 Energieeinheiten, die mir zur Verfügung stehen, investiere ich in diese Geschichte immer noch etwa _____ Einheiten.

‚Was-wäre-wenn?'-Geschichte # 2: Von den 100 Energieeinheiten, die mir zur Verfügung stehen, investiere ich in diese Geschichte immer noch etwa _____ Einheiten.

‚Was-wäre-wenn?'-Geschichte # 3: Von den 100 Energieeinheiten, die mir zur Verfügung stehen, investiere ich in diese Geschichte immer noch etwa _____ Einheiten.

‚Was-wäre-wenn?'-Geschichte # 4: Von den 100 Energieeinheiten, die mir zur Verfügung stehen, investiere ich in diese Geschichte immer noch etwa _____ Einheiten.

C.) Den Gesamtbetrag deines Energieaufwandes ermitteln

Zähle die Einheiten in beiden Fällen zusammen. Wenn die Summe auch nur in einer der beiden Aufgaben mehr als 100 ergibt, bist du tot! (Vielleicht gehst du jetzt lieber noch einmal zurück, um die Beträge zu korrigieren). Aber spiel' nicht herum, sei schonungslos ehrlich mit dir!

Wie wäre es, wenn du dir nun folgende *Affirmation* vorsprichst:

„Wenn ich die Gesamtsumme der Energie zusammenzähle, die ich ZURZEIT noch in meine Geschichten investiert habe, wird mir bewusst, dass ich lediglich _____ Energieeinheiten für das JETZT zur Verfügung habe. Deshalb beschließe ich, ab sofort alles zu tun, was nötig ist, um schnellst möglichst wieder in den Besitz des Großteils oder vielleicht sogar der Gesamtsumme meiner Energie zu kommen."

Hinweis: Wenn deine Gesamtpunktezahl immer noch relativ hoch ist, ist das in Ordnung. Es ist nicht weiter verwunderlich, dass dies so ist. Bedenke: Du bist noch im Anfangsstadium deines Erwachensprozesses, und so wirst du die karmischen Einheiten wohl gebraucht haben. Du musstest einfach nur einen hohen energetischen Preis für sie zahlen. Aber mach dir keine Sorgen. Sobald du immer mehr zur Wahrheit erwachst und damit anfängst, die Arbeit in Teil Drei zu machen – die *Übungen zum Erwachen* – wirst du diese Energie schnell wieder zurückgewinnen.

Forschungsaufgabe 9
Dein Weckruf

Vielleicht ist dir bei dem als Aufgabe 7 entwickelten Diagramm aufgefallen, dass wir, während wir auf unserem Weg voranschreiten, zunehmend mehr Schmerz erleben. So läuft es jedenfalls bei den meisten Menschen. War es bei dir auch so?

Natürlich ist es schwierig, den Schmerz, den ein Kind bei einer Verletzung erfährt, mit dem eines Erwachsenen zu vergleichen, der z.B. von seinem Partner verlassen wird Aber was meines Erachtens für die meisten Menschen zutrifft, ist, dass der Punkt, der zum Erwachen führt, entweder die schmerzhafteste Erfahrung unseres Lebens ist, oder aber den Abschluss einer langen Kette schmerzhafter Ereignisse markiert. So oder so bringt er uns an den Punkt, an dem wir zusammenbrechen, und schließlich, wenn er schlimm genug ist, zu dem Punkt, an dem wir aufgeben.

Mit anderen Worten, das ist unser Weckruf, oder, wie es manchmal auch genannt wird, unsere *dunkle Nacht der Seele*.

Spirituell gesehen heißt das natürlich, dass wir unser Ziel erreicht haben. Wir haben die Anzahl karmischer Punkte erreicht, die wir in diesem Leben ansammeln wollten. Deshalb ist auch alles perfekt. Denn jedes Mal sorgt unsere Spirituelle Intelligenz dafür, dass es sich bei diesem Punkt um ein *massives Ereignis* handelt. Das muss auch so sein, denn sonst würde es nicht unsere gesamte Aufmerksamkeit fesseln. Es muss groß genug sein, um unsere bisherige Weltsicht komplett ins Wanken zu bringen und alles zu untergraben, das wir vorher für wahr und unabänderlich gehalten haben. Es muss stark genug sein, um unsere Opfergeschichten zu sprengen. Und es muss die Grundfesten unseres Lebens und unseren Glauben, wer wir sind und warum wir hier sind, endgültig zerstören.

Ich weiß jetzt natürlich nicht, ob du – während du dieses Buch liest – noch mitten in dieser Krise drinsteckst, gerade aus der Erfahrung wieder aufgetaucht bist oder mit später Einsicht auf das Geschehen zurückblickst. Ganz gleich, wo du auch sein magst: Jetzt gilt es zu erkennen, dass es eine sehr wichtige Zeit für dich ist. Du darfst ruhig ein wenig stolz darauf sein, den Mut zu haben, um des Wachstums deiner Seele willen durch solch einen schmerzhaften Prozess hindurchzugehen. Ich bin mir sicher, dass dein Inkarnationsengel dich schon vor langer Zeit darauf aufmerksam gemacht hat, dass das, was von dort oben so leicht aussieht, weiß Gott nicht einfach ist, wenn man erst einmal in einem menschlichen Körper steckt – einem Körper, der zu solchen intensiven Gefühlen fähig ist. Du hast dir deine karmischen Einheiten also wirklich verdient.

AUFGABEN:

1. Falls du bereits auf die Erfahrung zurückblickst, komplett durch den Prozess gegangen zu sein und du auch keinen Schmerz mehr damit verbindest, rate ich dir trotzdem, jetzt noch etwas Zeit darauf zu verwenden. Setz dich hin und schreib noch einmal alles auf, und zwar in einer Form, wie wir sie hier entwickelt haben. Das bedeutet, anstatt dass *man dir etwas angetan hat*, hat man etwas *für dich* getan, und in diesem Sinne war auch alles goldrichtig.

Vielleicht hast du deinen Erkenntnisprozess auch ohne die Werkzeuge der Radikalen Vergebung hinter dich gebracht. Gerade dann würde ich dir raten, ihn dir noch einmal vorzunehmen. Bearbeite so viele Arbeitsblätter zur Radikalen Vergebung wie du für nötig erachtest, um sicherzustellen, dass die Energie, die in diesen Prozessen gebunden war, auch wirklich befreit ist. Außerdem solltest du dir ganz sicher sein, dass du jetzt für alle Menschen, die an deinem Schmerz beteiligt waren, absolute Liebe und Dankbarkeit empfindest.

2. Falls die Erfahrung gerade erst frisch hinter dir liegt, oder du gerade mitten drin steckst und den Schmerz noch deutlich spürst, rate ich dir zwei Dinge.

    a.) Erlaube dir, den Schmerz voll und ganz zu spüren – lass dich auf keine *spirituelle Umgehungsstrategie* ein!

Unter einer *spirituellen Umgehungsstrategie* verstehe ich jeden Versuch, deine tatsächlichen Gefühle zu unterdrücken, indem du vorschnell eine spirituelle Interpretation des Geschehens ansteuerst. Das fängt z. B. damit an, dass du versuchst, aus Mitgefühl und Verständnis Entschuldigungen für die Person zu finden, die dir etwas angetan hat, und endet damit, dass du sofort die *spirituelle Vollkommenheit* in der Situation zu sehen glaubst.

Vergiss nicht, dass der ganze Sinn, warum du dir die Situation überhaupt kreiert hast, ja genau darin liegt, sie gefühlsmäßig voll und ganz zu durchleben. Immer, wenn du eine Methode anwendest, die den Fluss dieser Gefühle unterbricht, stellst du dir selbst ein Bein. Die Gefühle müssen zuerst voll erlebt werden. Erst dann kannst du zur Radikalen Vergebung überwechseln.

Es ist ziemlich schwer, diese Arbeit allein zu machen. Ein Coach für Radikale Vergebung kann dich wunderbar dabei unterstützen, sowohl die Gefühle voll und ganz zu fühlen, als auch, wirkliche

Vergebung zu erfahren. Besonders, wenn du Angst hast, dich deinen Gefühlen völlig hinzugeben, wird ein gut ausgebildeter Begleiter jetzt äußerst hilfreich sein.

Vielleicht hast du auch einen guten Freund, der dich bei diesem Prozess, deine Geschichten zu erzählen, unterstützt, ohne dich zu verurteilen. Auch das kann schon helfen.

Wenn du allein arbeiten möchtest, würde ich dir vorschlagen, auf dieser und der nächsten Seite eine kurze Version deiner Geschichte aufzuschreiben. Tue es einfach, um die Sache zu Papier zu bringen. Aber, wie ich vorher bereits erwähnt habe, notiere dir die persönlicheren Aspekte deiner Geschichte so, dass kein anderer sie lesen wird.

Mein Weckruf: ____________________________________

Forschungsaufgabe 10
Nach dem Erwachen

Sobald du dir alles angeschaut hast, was dich zum Punkt des Erwachens gebracht hat, solltest du dich als Nächstes fragen, was nach dem Erwachen kommt.

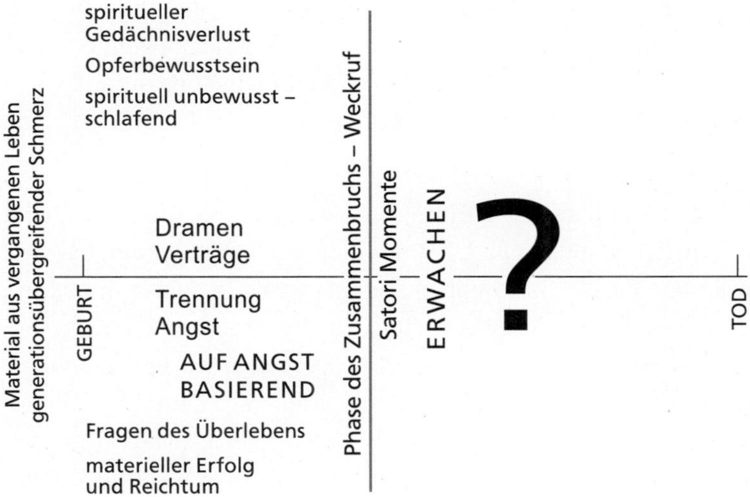

Zum Zeitpunkt, als ich dieses Buch verfasst habe, konnte ich natürlich nicht wissen, wo du persönlich in deinem Erwachensprozess stehst. Der Einfachheit wegen gehe ich deshalb jetzt einfach mal davon aus, dass die Mehrzahl der Leser meines Buchs bereits aus der Phase des Zusammenbruchs wieder aufgetaucht ist. Das heißt, sie sind nicht mehr so vom Schmerz dominiert, dass sie nicht mit ihrem Leben klarkommen und an der Erfahrung wachsen können. Außerdem gehe ich davon aus, dass sie bereits einige Momente des Erwachens (Satori) hatten, die sie für das metaphysische Paradigma der Wirklichkeit geöffnet haben (s. Abb. auf S. 192). Sie sind jetzt bereits so sehr bewusst, dass sie die Verantwortung für ihr eigenes Leben übernommen haben, über das Opferbewusstsein hinausgewachsen sind und ihre Herzen für ihre Mitmenschen geöffnet haben.

Ich sage dies, weil ich glaube, dass genau dies das Erwachen ausmacht. Meine Überzeugung basiert auf mehr als 10 Jahren Erfahrung, in der ich Menschen während meiner sogenannten *Miracles* Workshops durch die Phase des Zusammenbruchs in das Erwachen begleitet habe. Das hat übrigens nichts zu tun mit dem *Kurs in Wundern*, den einige meiner Leser sicher kennen, sondern mit der Tatsache, dass Wunder tatsächlich passieren, wenn Menschen diese Erfahrung machen und zur Wahrheit erwachen.

Als Gegenpol möchte ich gern noch einmal kurz schildern, wie wir (notwendigerweise) in der Phase unseres Lebens vor dem Erwachen denken, handeln und fühlen. Ich habe gesagt, dass wir während dieser Phase spirituell unbewusst sind und keine tiefere Realität jenseits der oberflächlichen Betrachtung erkennen. Wir wissen nur das, was uns von den entsprechenden Personen oder Institutionen beigebracht wurde. Wir sind mehr auf die Welt *dort draußen* fokussiert, als auf die Welt *hier drinnen*. Und so machen wir uns Sorgen um unser Überleben, um das Geldverdienen, um unsere materiellen Erfolge und unsere Besitztümer. Wir wollen das Leben auf so vielen Ebenen wie möglich kontrollieren und betrachten das Ganze als ein Nullsummenspiel. Kurz gesagt, wir sind total im Opferbewusstsein gefangen und agieren aus einer Weltsicht der Angst heraus.

Sobald ein Mensch dann den Erwachensprozess durchläuft, beginnen sich seine Werte um 180 Grad zu drehen. Sie oder er erkennt das Gesetz des Karmas (was du aussendest, kehrt auch wieder zu dir zurück), kümmern sich um sich selbst und neigt mehr zu Ehrlichkeit und Fairness. Sie bzw. er sieht jetzt nicht nur den eigenen Vorteil, sondern handelt mehr von der Ebene des Herzen aus.

Während die Menschen vor dem Erwachen materiellen Erfolg und Reichtum zum Mittelpunkt ihres Lebens gemacht haben, ist es ihnen jetzt wichtiger, etwas für die Gemeinschaft zu tun, anderen zu helfen und die Welt positiv zu verändern. Sie finden ihre Erfüllung in sozialen Projekten, im Umweltschutz o.ä. und suchen ein Arbeitsfeld, das nicht nur Befriedigung, sondern auch Sinn stiftet. Viele Menschen wagen an diesem Punkt ihres Lebens eine komplette Neuausrichtung ihrer Karriere und wechseln von einer Arbeit, die auf dem alten Wertesystem basiert, zu einer Tätigkeit, die den Menschen wirklich nutzt, selbst wenn sie damit einen Rückgang an Geld und Prestige riskieren.

Aber das bedeutet nicht, dass sie in Zukunft keine oder weniger Herausforderungen und Dramen in ihrem Leben erleben werden. Warum auch? Im Klassenzimmer des Lebens gibt es auch weiterhin genügend Aufgaben und Projekte, und der Lehrplan birgt immer wieder Überraschungen.

Der große Unterschied besteht allerdings darin, dass sie jetzt bewusst daran teilnehmen. Statt wie vorher einfach nur mitzumachen, sind sie jetzt wach und haben das entwickelt, was wir den *Beobachter* nennen. Das ist der Teil in uns, der die Fähigkeit besitzt, uns als uns selbst zu beobachten. Generell wird ja behauptet, wir wären die einzigen Wesen, die dies können, aber das bezweifle ich. Woher wollen wir wissen, dass eine Ameise sich ihrer selbst nicht bewusst ist?

Ein weiterer Unterschied zwischen dem Leben nach und vor dem Erwachen besteht darin, dass ein erwachter Mensch von seinen Emotionen nicht mehr so überschattet wird. Während ein Mensch vor dem Erwachen vielleicht monate- oder sogar jahrelang voller

Wut und Hass in seinem Opferbewusstsein stecken bleibt, wird ein erwachter Mensch zwar durchaus starke Gefühlsempfindungen haben, aber er hält sie nicht mehr fest. Sie fließen ohne Widerstand durch ihn hindurch und lösen sich dann auch schnell wieder auf.

Dafür gibt es zwei Gründe:

1) Der Beobachter registriert die Dinge ohne Werturteil. Er bemerkt, wie du wütend wirst, aber er verurteilt dich nicht. Er liebt dich trotz deiner Wut – denn darin gibt es durchaus Sinn und Bedeutung. Aber sobald eine Emotion zugelassen und ausgedrückt wurde, und man entsprechend gehandelt hat, hat sie ihren Zweck erfüllt. Ihr Sinn liegt darin, das Gefühl in seiner ganzen Intensität fließen zu lassen. Da eine Emotion ein Gedanke ist, der mit einem Gefühl verbunden ist, ermahnt unser Beobachter uns dazu, den Gedanken (der übrigens selten wahr ist) loszulassen und einfach nur das Gefühl zu fühlen. Nach ein oder zwei Momenten löst sich das Gefühl dann von selber auf.

2) Wenn du die Wahrheit erkannt hast – dass es auf der spirituellen Ebene kein Ereignis gibt, das falsch oder schlecht ist, dauert es meist nicht sehr lange, bis dieses Wissen an die Oberfläche kommt. Dann kühlen auch die Emotionen schnell wieder ab, egal, was ihr Anlass war. Wie kannst du lange auf jemanden wütend sein, wenn du ganz tief in dir weißt, dass es sich dabei um eine Seele handelt, die eingewilligt hat, auf diese Weise liebevoll mit dir zu tanzen?

   Und noch etwas ist interessant. Für einen Erwachten sind die gefühlsmäßigen Herausforderungen nicht nur weniger nachschwingend, sondern seltsamerweise scheinen auch die Situationen selbst nicht mehr so belastend zu sein, wie sie es früher gewesen wären. Ein wirklich erwachter Mensch ist in der Lage, sogar unter den schlimmsten Umständen völlig ruhig, wach und im Frieden mit sich selbst zu sein.

Jetzt sollten wir uns einmal anschauen, wie sich das im Diagramm darstellt.

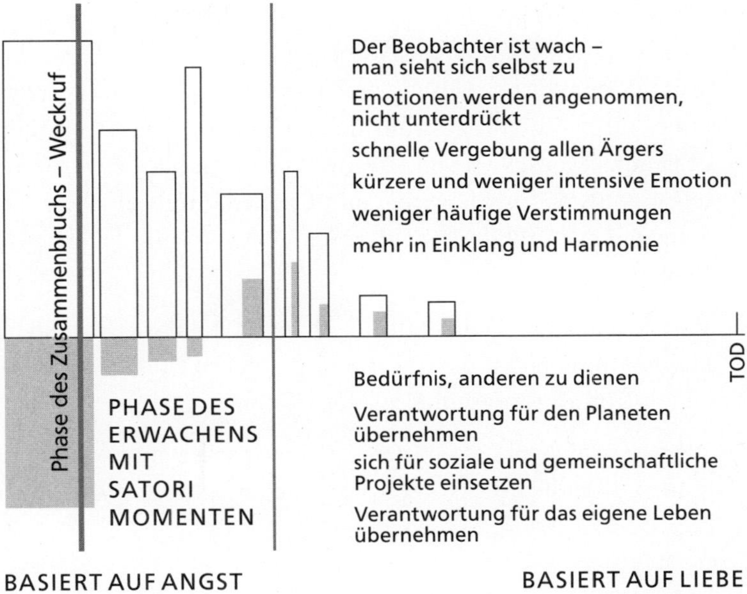

Bitte beachte dabei besonders die folgenden Punkte:

a) dass die Phase des Zusammenbruchs tatsächlich einen Teil des Erwachens darstellt und der Transformation vorangeht

b) dass in der Erwachensphase zwar weiterhin emotionale Dramen vorkommen, diese aber seltener, kürzer und weniger intensiv werden, je mehr Zeit vergeht

c) dass die meisten Gefühle, von denen die Dramen begleitet werden, vor der Phase des Erwachens entweder geleugnet, unterdrückt oder auf andere projiziert wurden (unterhalb der Linie). Jetzt lebt die Person immer mehr in der Gegenwart und ist bereit, zu ihren Gefühlen zu stehen, sobald sie hochkommen (oberhalb der Linie) und

d) die Art, wie das Leben erfahren wird, beruht weniger auf Angst als auf Liebe, da wir beginnen, uns daran zu erinnern, dass wir in Wahrheit Liebe sind.

Was aus dem bisher Gesagten nicht deutlich wird, ist die Wirkung, die dieser Prozess auf das kollektive Bewusstsein der gesamten Menschheit hat. Wenn jemand durch den Prozess des Erwachens geht, wird dadurch nicht nur seine eigene Schwingung verändert, sondern das Bewusstsein des ganzen Planeten.

Wie dem auch sei. Wir sind jetzt an dem Punkt, wo die beiden Hälften des Diagramms, die die Reise einer Seele im menschlichen Körper repräsentieren, zusammenkommen.

Wenn wir uns vorstellen, deine Lebensrückschau wäre komplett, würde die Grafik in etwa so aussehen (s. Abb. S. 123):

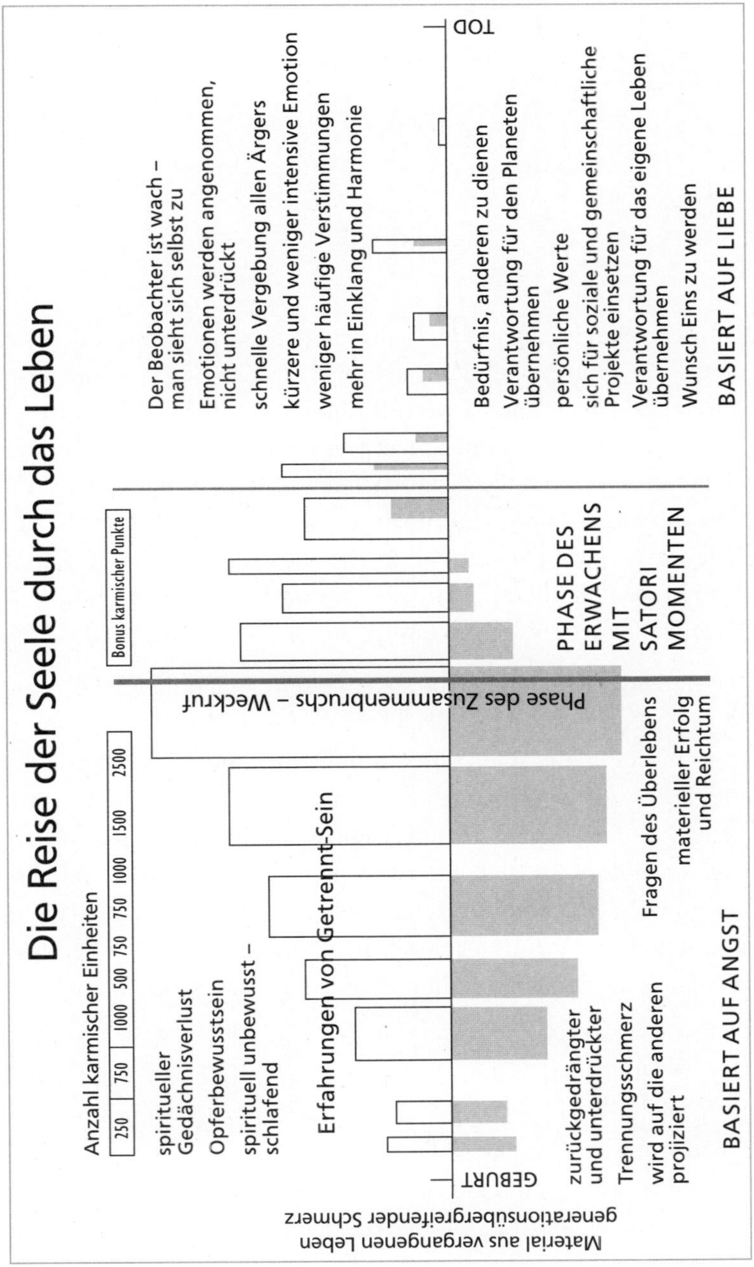

Die Reise der Seele durch das Leben
Anzahl karmischer Einheiten
250 750 1000 500 750 750 1000 1500 2500
Bonus karmischer Punkte
spiritueller Gedächnisverlust
Opferbewusstsein
spirituell unbewusst – schlafend
Erfahrungen von Getrennt-Sein
Phase des Zusammenbruchs – Weckruf
Der Beobachter ist wach – man sieht sich selbst zu
Emotionen werden angenommen, nicht unterdrückt
schnelle Vergebung allen Ärgers
kürzere und weniger intensive Emotion
weniger häufige Verstimmungen
mehr in Einklang und Harmonie
GEBURT
TOD
Material aus vergangenen Leben
generationsübergreifender Schmerz
zurückgedrängter und unterdrückter
Trennungsschmerz
wird auf die anderen projiziert
Fragen des Überlebens
materieller Erfolg und Reichtum
PHASE DES ERWACHENS MIT SATORI MOMENTEN
Bedürfnis, anderen zu dienen
Verantwortung für den Planeten übernehmen
persönliche Werte
sich für soziale und gemeinschaftliche Projekte einsetzen
Verantwortung für das eigene Leben übernehmen
Wunsch Eins zu werden
BASIERT AUF ANGST
BASIERT AUF LIEBE

Forschungsaufgabe 11
Die Synthese

In Forschungsaufgabe 7 hast du alles eingetragen, was in deinem Leben vom Zusammenbruch bis zum Erwachen passiert ist. Um das Diagramm zu vervollständigen, bitte ich dich nun einzutragen, was seitdem noch passiert ist. Falls seit deinem Erwachen nur ein paar Tage oder Wochen verstrichen sind, kannst du natürlich noch nicht viel hinzufügen. Wenn dein erstes Satori Erlebnis dagegen schon einige Zeit her ist, wird dir bestimmt eine Menge einfallen. Dein Diagramm wird dann am Ende vielleicht so aussehen wie die Grafik auf der vorigen Seite.

Wenn du die Ereignisse einträgst, die seit deinem Erwachen passiert sind, solltest du berücksichtigen, was ich im letzten Kapitel erwähnt habe und überprüfen, ob die allgemeinen Grundsätze, die darin erörtert wurden, auch auf deinen Fall zutreffen. Bitte bedenke, dass es hier nicht darum geht, die *Korrektheit deiner spirituellen Entwicklung* oder das *Maß deiner Erleuchtung* zu messen, denn all das ist Nonsens. Solche Spekulationen mag ich überhaupt nicht. Im Gegenteil: Es ist mein fester Glaube, dass niemand auf dem spirituellen Pfad weiter ist als ein anderer.

Trotzdem wird dieser Teil der Übung vielleicht für dich wichtiger sein als die früheren Teile, denn er kann dir Hinweise dafür liefern, wie du den Rest deiner Inkarnation als erwachter Mensch leben kannst. Wenn du, wie in Forschungsaufgabe 8 vorgeschlagen, alle wichtigen Punkte zu deinem Weckruf niedergeschrieben hast, würde ich dir jetzt raten, das Diagramm noch zu erweitern und zu beschreiben, wie sich dein Leben seit dem Erwachen verändert hat.

Schreib es einfach so auf, wie es dir selbst aufgefallen ist, was du vom Leben neu gelernt hast und was sich in der Zeit seit dem anders anfühlt. Falls der Platz nicht reicht, benutze einfach dein Tagebuch.

WIE SICH MEIN LEBEN SEIT MEINEM ERWACHEN VERÄNDERT HAT:

VORWORT ZU TEIL III

VORWORT ZU TEIL III

Räum auf, positioniere dich neu und bleib wach

Nach meiner Beobachtung kommt es gar nicht so selten vor, dass Menschen, die im Anschluss an die Phase des Zusammenbruchs eine authentische Erwachenserfahrung gemacht haben, schon nach kurzer Zeit wieder in ihren ursprünglichen unbewussten Zustand zurückfallen. Die Erfahrung war vielleicht zu herausfordernd für sie. Oder sie hat zu viel von dem in Frage gestellt, was bequem und normal war. Vielleicht hat sie auch Dinge außer Kraft gesetzt, die vorher Geborgenheit und Sicherheit vermittelt haben.

Es kann aber auch sein, dass der Zusammenbruch ein wenig zu früh kam oder noch nicht komplett war. Vielleicht brauchten die betroffenen Menschen einfach mehr Zeit im Opferland. Egal was wir als Grund dafür aufführen, über Eines solltest du dir sicher sein: Selbst das ist perfekt!

‚Das Opferland' ist tatsächlich ein sehr verführerischer Ort, und viele von uns lassen sich allzu leicht wieder dorthin zurückfallen. Mittlerweile haben wir ja auch die nötigen Werkzeuge, um uns kurzfristig wieder zu befreien.

Aber wenn du dich nach deinem Zusammenbruch noch in der ersten Phase des Erwachens befindest (und nach meiner Beobachtung trifft dies für die Mehrzahl meiner Leser zu), musst du dir natürlich die Frage stellen, ob du wirklich bereit bist, alles zu tun, um auch auf Dauer wach zu bleiben.

Wenn ja, wird dir nun der folgende Teil des Buches gute Dienste leisten. Er soll dir helfen, dein neues Schwingungsmuster zu festigen und Schritt für Schritt zu erhöhen. Gleichzeitig wirst du lernen, noch tiefer in die Erfahrung des Erwachens einzutauchen. Und dadurch erhältst du immer mehr Möglichkeiten, die Welt positiv zu verändern.

Wie kann man sich das erklären? Ganz einfach. Es wird geschehen, weil du mehr aus Liebe und weniger aus Angst handelst, wenn deine spirituelle Energie wächst. Du wirst einfach offener und setzt dich voller Vertrauen und Hingabe für das ein, was geschehen muss.

Natürlich passiert das nicht über Nacht. Im Gegenteil, du musst bereit sein, bis zum Ende deines Lebens innerlich zu wachsen und dich bewusst weiterzuentwickeln.

Aber wenn du dem zustimmst, gibt es Einiges, was du in den nächsten Wochen, Monaten und sogar Jahren tun kannst. Es sind die Schritte, die dein Erwachen zum natürlichen Zustand deines Lebens werden zu lassen. Die damit verbundenen Aufgaben werden auf den folgenden Seiten als *Übungen zum Wachwerden* bezeichnet.

Betrachte sie als liebevolle Hinweise von meiner Seite. Ich bin mir sicher, sie werden dir helfen.

TEIL III

Wach werden und wach bleiben

11 Übungen
zum ‚Wach werden'

Übung 1
Die Vergangenheit aufräumen

Hier geht es noch einmal darum, möglichst alle Energie freizusetzen, die an vergangene Situationen gebunden ist. Wie das geht, hast du ja in diesem Buch oder auch in meinem Grundlagenwerk ‚Ich vergebe' gelernt.

Beschäftige dich noch einmal mit der Zeitlinie auf deinem Lebensdiagramm. Bist du bereit, die Arbeitsblätter zur Radikalen Vergebung auszufüllen, die noch nötig sind, um die Energie, die mit jedem Ereignis oder jeder Situation verbunden war, vollständig aufzulösen?

Möglicherweise hast du einen Großteil dieser Arbeit bereits im Rahmen der Forschungsaufgabe 4 – ‚Deine emotionale Vorgeschichte' – erledigt. Trotzdem geh bitte noch einmal bis zum Punkt deiner Geburt zurück und lass kein einziges Ereignis unbearbeitet.

Schau dir zusätzlich auch die Liste an, die du im Abschnitt Zwei der Forschungsaufgabe 4 angefertigt hast. Gibt es eventuell noch Situationen, an denen du erneut arbeiten solltest, um die Energiemuster zu klären? Erstelle hierzu auf der nächsten Seite eine entsprechende Vergebungsliste.

Diese Arbeit wird Zeit und Mühe brauchen. Verteile sie auf die nächsten Wochen und Monate. Sei nicht zu sparsam im Gebrauch der Arbeitsblätter und achte darauf, dass du erst dann aufhörst, weitere Arbeitsblätter auszufüllen, wenn alle Ladung völlig aufgelöst ist.

Die standardisierte Vorlage des Arbeitsblattes zur Radikalen Vergebung findest du in Teil 4 dieses Buchs. Oder du lädst dir das Formblatt einfach auf **www.tipping-methode.de** herunter. Wenn du möchtest, kannst du auch den Vergebungsprozess, wie er auf meiner CD „13 Schritte zur Radikalen Vergebung" angeboten wird, verwenden. Das geht vielleicht sogar noch schneller, und du kannst die CD beim Autofahren hören. Schau einfach, was für dich am Praktischsten ist.

Meine Vergebungsliste

Für die folgenden Situationen und Ereignisse möchte ich noch einmal Arbeitsblätter zur Radikalen Vergebung ausfüllen:

Übung 2
Sich selbst vergeben

Ich kann verstehen und sehr wohl nachfühlen, dass du voller Schuldgefühlen und Selbstvorwürfen bist für all das, was du glaubst, getan zu haben. Nimm das nicht zu ernst! Es ist ein Nebenprodukt des Lebens, das du vor deinem Erwachen geführt hast. Das Opferbewusstsein braucht nun einmal Täter, genauso wie Opfer. Es gab Zeiten, in denen du aufgefordert warst, das Opfer zu sein und Zeiten, in denen du der Täter warst. So ist das Leben. Es hat dir eine Menge Schuld eingebracht. Jetzt darfst du sie loslassen, wenn du weiterkommen willst.

Sich selbst zu vergeben, ist äußerst wichtig. Die meisten Leute finden es schwieriger, sich selbst zu vergeben, als anderen. Oft sind wir uns selbst gegenüber der schärfste Kritiker. Sei dir bewusst: Auch nach dem Erwachen, hört dieser innere Kritiker nicht auf zu plappern. Du solltest daran arbeiten, mit ihm in Frieden zu kommen.

Also kümmere dich noch einmal mit voller Aufmerksamkeit um deinen unerlösten Selbsthass. Das wird deine Psyche reinigen. Füll einfach die u.a. Inventurliste aus und mach dazu die entsprechende Vergebungsarbeit.

Wenn du die englische Sprache gut beherrscht, kannst du auch die beiden Online Programme zur Selbstvergebung und Selbstakzeptanz auf meiner Webseite **www.radicalforgiveness.com** benutzen.

Inventurliste meines Selbsthasses

Dinge, die ich mir nicht vergeben habe oder die ich an mir selbst noch nicht akzeptieren kann:

Übung 3
Den Schmerz vergangener Generationen endgültig loslassen

Hier besteht die Übung darin, deine Aufmerksamkeit darauf zu lenken, den Generationenschmerz zu heilen, den du in dir trägst und damit aufzuhören, ihn an deine Kinder und Enkel weiterzugeben. Das ist nicht nur äußerst wichtig für dich, sondern auch für zukünftige Generationen und das kollektive Bewusstsein aller Menschen.

Wenn du den Schmerz von einem anderen Menschen übernommen hast, gib ihn zurück. Wenn du ihn für deine Vorfahren oder deine Rasse trägst, lass ihn fallen. Du hast nicht das Recht, ihn immer noch weiterzutragen. Damit wird der Schaden nur größer. Ehre das Leid deiner Vorfahren, erinnere dich an ihren Mut, dieses Leid zu überwinden, aber lass es damit gut sein. Welches Recht hast du, zu behaupten, dass sie diese Erfahrung nie hätten machen dürfen? Hast du immer noch nicht verstanden, dass sie diese Erfahrung selbst gewählt haben? Alles, was du tun kannst, ist, die Entscheidung ihrer Seele zu respektieren.

Weigere dich, den alten Opfergeschichten anderer Leute zuzuhören, oder sie ihnen abzukaufen. Vielleicht verlierst du dadurch einige Punkte und ein paar Freunde, aber das solltest du akzeptieren. Das Thema muss zu einem Ende kommen oder es wird dich stoppen. Und weigere dich, diese Opfergeschichten an deine Kinder weiterzugeben.

Der beste Weg, um Generationenschmerz aufzulösen, besteht darin, mit Hilfe der Werkzeuge der Radikalen Vergebung Vergebungsarbeit zu leisten. Vergib allen, die daran beteiligt sind oder waren: Den jeweiligen Menschen, Gruppen, Armeen, Regierungen, Staatsoberhäuptern, Politikern, religiösen Führern. Ja selbst Gott!

Und dann entwirf‘ für dich selbst eine kleine Zeremonie, in der du alles, was dich an vergangene Generationen bindet, rituell loslässt. Wenn möglich, benutze dabei ein Feuer. Sprich einige symbolische Sätze (den Text kannst du selbst entwickeln) und löse das Energiefeld auf, indem du bejahst, dass alles, was damals geschehen ist, im größeren Sinne vollkommen war. Erinnere dich daran: Gott macht keine Fehler!

Meine Liste des Schmerzes, der aus vergangenen Generationen stammt

Verhaltensmuster über die ich wütend oder traurig bin und die ich seit frühester Jugend übernommen habe, obwohl sie mit mir nichts zu tun haben. Ich sehe ein, dass ich jetzt kein Recht mehr habe, daran festzuhalten:

____

____

____

____

____

____

Ich gebe alles zurück und lasse es los!

Übung 4

Vergangene Leben heilen

Wenn du in deiner Lebensrückschau einige Überbleibsel aus vergangenen Leben entdeckt und bemerkt hast, dass sie immer noch Einfluss auf dein momentanes Leben haben, ist es jetzt an der Zeit, auch hier aufzuräumen, damit du die Dinge endgültig hinter dir lassen kannst. Wenn sich dieses Material als Phobie oder Ähnliches äußert, hol dir Hilfe bei einem guten Hypnotherapeuten, der weiß, wie Phobien behandelt werden können.

Am Wichtigsten ist es in diesem Moment, die Kraft der Spirituellen Intelligenz (oder deines Höheren Selbst) anzurufen, um die Verbindung zwischen deinem jetzigen Leben und vorigen Inkarnationen aufzulösen, sofern dies in deinem besten Sinne ist. Aber halte dich persönlich aus dieser Einschätzung heraus. Dein Ego ist in keiner Weise berechtigt, da mitzuwirken. Bestätige einfach nur, dass alle Vereinbarungen und Verträge aus früheren Leben jetzt entweder abgegolten, gekündigt oder null und nichtig sind, es sei denn, deine Spirituelle Intelligenz entscheidet etwas anderes. Und belasse es dabei.

Ich rate dir außerdem, von jetzt an keine Menschen oder Therapeuten aufzusuchen, die mit Rückführungen oder Informationen aus vergangenen Leben arbeiten.

LETZTE NOTIZEN ÜBER VERGANGENE LEBEN:

Übung 5
Verluste beweinen

Durch meine Arbeit habe ich gelernt, dass unerlöster Kummer für viele Menschen die wesentliche Quelle für psychische Probleme ist. Es handelt sich dabei um eine sehr schädliche Energie, die jetzt auf gesunde Weise gefühlt und losgelassen werden sollte.

Im Vergleich zu den Menschen in Afrika oder Asien sind wir in unseren westlichen Hochkulturen nicht besonders gut im Trauern. Statt unseren Kummer durch lautes Schluchzen, Weinen und Schreien direkt auszudrücken, wie dies zum Beispiel im Mittleren Osten üblich ist, versuchen wir Westler, unseren Kummer innerlich zu verarbeiten. Wir bleiben dabei stoisch, stumm und verziehen – die Engländer sind da besonders geübt – am Besten keine Miene. Als Ergebnis gärt der Kummer weiter und wandelt sich oft in Zorn, Wut oder Depressionen um. Krankheiten wie Krebs haben hier ihren Ursprung.

Hast du schon einmal einen Krebspatienten gefragt, was er fünf bis sieben Jahre vor Ausbruch der Krankheit erlebt hat? Er wird dir fast immer etwas von einem schweren Verlust erzählen. So schädlich ist diese Energie!

Es ist äußerst wichtig, dass du dir jetzt erlaubst, jedes Gefühl von Kummer, das weiterhin in dir gärt, noch einmal vollständig zu fühlen. Nur so kannst du alle Gedanken und Überzeugungen loslassen, die damit verbunden sind. (Du weißt ja, eine Emotion ist ein Gedanke, der mit einem Gefühl verbunden ist).

Erst wenn du die Gedanken und Überzeugungen erkannt hast, die sich an deinem Kummer festgemacht haben, kannst du mit der abschließenden Vergebungsarbeit beginnen. Kümmere dich um jeden Menschen, der dir in diesem Zusammenhang ins Bewusstsein kommt und vergib ihm vollständig. Und dann formuliere deine Überzeugungen und Glaubensmuster neu.

Nehmen wir ein Beispiel: Vielleicht hast du erlebt, wie jemand auf tragische Weise viel zu früh ums Leben gekommen ist. Spürst du den Kummer, der mit diesem Verlust verbunden ist? Genauer gesagt ist es dein Verlust, aber weil du davon überzeugt bist, dass der Tod dieser Person tragisch und viel zu früh war, glaubst du, dass du jemanden oder etwas dafür verantwortlich machen musst. So wird aus deinem Kummer richtiges Leid.

Die Neuformulierung könnte so aussehen, dass du erkennst, dass es für die entsprechende Person überhaupt nicht tragisch war. Sie ist jetzt genau dort, wo sie sein wollte.

Der Tod wird von uns gewählt – und wir sterben dabei auch nicht wirklich.

MEINE LISTE DER VERLUSTE

Dinge oder Menschen, die man mir genommen hat,
und über deren Verlust ich noch immer trauere:

VERLUST	Damit verbundene ÜBERZEUGUNGEN, die es zu überarbeiten gilt
______________________	______________________
______________________	______________________
______________________	______________________

VERLUST	ÜBERZEUGUNGEN

Ich verpflichte mich, meinen Kummer vollständig zu fühlen, und die Überzeugungen, die ich mit dem Verlust verbinde, neu zu formulieren.

Übung 6
Bewertung und Erwartungen loslassen

Es ist ganz einfach menschlich, zu bewerten und etwas von anderen zu erwarten. So sind wir Menschen nun einmal. Aber jetzt, da du am Punkt des Erwachens angekommen bist, ist es Zeit, auch diese Aspekte deiner Persönlichkeit besser in den Griff zu bekommen. Denn je weniger du andere bewertest und je weniger du von der Welt und deinen Mitmenschen erwartest, desto weniger müssen sie deinen Erwartungen entsprechen. Auf diese Weise lernst du, mehr auf deinen eigenen Füßen zu stehen, wirst weniger oft enttäuscht und kannst die höhere Schwingungsfrequenz leichter aufrechterhalten:

Vielleicht verstehst du jetzt, warum für mich der folgende Satz auf dem Arbeitsblatt zur Radikalen Vergebung (s. Punkt 3.8 des Arbeitsblatts) so zentrale Bedeutung hat:

„Mein Unwohlsein war mein Signal, dass ich mir selbst und ____________ Liebe entziehe, indem ich urteile, Erwartungen habe, __________________ verändern will und viele Fehler in ______________ sehe. (Zähle die Urteile, Erwartungen und Verhaltensweisen auf, die du bei _____________ gern verändert sehen würdest.“

Die Radikale Vergebung lehrt uns, dass jeder im Sinne des großen spirituellen Ganzen seine Rolle im göttlichen Plan genau so spielt, wie er oder sie es tun sollte. Wie können wir dann gleichzeitig erwarten, dass unser Gegenüber sich exakt so verhält, wie wir es wollen? Wenn wir meinen, einen Menschen ändern zu müssen, drückt das unsere eigene Angst aus.

Das bedeutet allerdings nicht, dass wir anderen erlauben müssen, uns zu missbrauchen oder schlecht zu behandeln. Wenn jemand dir Unrecht tut, obwohl du ihn so akzeptierst, wie er ist, solltest du die Beziehung besser beenden. Akzeptiere sein Verhalten, aber geh deines Weges.

Aber schau genau hin. Kann es eventuell sein, dass dir dein Gegenüber durch sein Verhalten einen Spiegel vorhält? Vielleicht ist ja dein Urteil über diese Person ein Spiegelbild deiner eigenen Persönlichkeit?

WENN DU DAS ERKENNST – HAST DU ETWAS GANZ WICHTIGES VERSTANDEN!

MEINE BEWERTUNGEN UND ERWARTUNGEN

Mir fällt auf, dass ich die folgenden Personen stark bewerte und hohe Erwartungen an sie stelle. Dabei wird mir bewusst, dass ich in ihnen genau das sehe, was ich an mir selbst nicht lieben und akzeptieren möchte.

PERSON	BEWERTUNG/ERWARTUNG
______________________	______________________
______________________	______________________
______________________	______________________
______________________	______________________
______________________	______________________

Ich lasse mein Bedürfnis, diese Menschen ändern zu wollen, total los und akzeptiere sie wie sie sind, ohne sie zu bewerten. Ich erkläre, dass ich ab jetzt frei bin, mit ihnen in Interaktion zu treten oder auch nicht. Ich bin frei, das Beste für mich zu tun und bin nur für mich selbst verantwortlich.

Übung 7
Tue so, als ob du's hast

Ich meine damit, dass du bereits jetzt so denken, reagieren und dich verhalten darfst, als ob du die Philosophie der Radikalen Vergebung leben würdest.

Okay, ich habe gesagt ‚ALS OB'. Das würde ich gern erklären.

Ganz am Anfang des Buchs haben wir gelernt, dass es nicht nötig ist, an etwas zu glauben. Die Radikale Vergebung ist ein spiritueller Prozess, kein intellektuelles Gedankengebäude. Sie aktiviert unsere Spirituelle Intelligenz und operiert auf einer Ebene, über die wir nur wenig wissen. Unser Geist und Verstand tut vieles, was wir nicht verstehen. Aber es reicht zu wissen, dass die Radikale Vergebung funktioniert.

Um dir diesen Ansatz zur Gewohnheit zu machen, musst du die Werkzeuge der Radikalen Vergebung regelmäßig anwenden. Tue es nicht nur, um deine Vergangenheit zu reinigen, sondern auch, um mit jedem kleinen Ärger und den Herausforderungen, die dir täglich begegnen, besser umgehen zu können. Und davon wird es auch weiterhin eine Menge geben, das verspreche ich dir. Denn wenn du dich dem Prozess des Erwachens verpflichtet hast, wird dir die Spirituelle Intelligenz immer wieder Möglichkeiten geben, zu zeigen, wie ernst du es meinst. Die ersten Schritte des Erwachens sind kein Spaziergang im Park. Du wirst für jede Hilfe dankbar sein. Die Werkzeuge, die die Radikale Vergebung in diesem Zusammenhang anbietet, kennst du ja.

Aber es gibt noch mehr:

■ **Melde dich für das Radikale Ermächtigungs-Programm an.**

Dies ist ein zwölf monatiges Multimedia Lernprogramm, das die Technik der Radikalen Vergebung mit der Kunst des bewussten Erschaffens – der Radikalen Manifestation – verbindet. Der Fokus der Radikalen Vergebung (RV) liegt auf der Reinigung der Vergangenheit, während die Radikale Manifestation (RM) auf die Erschaffung der Zukunft ausgerichtet ist. Beide zusammen ergeben dann die Radikale Ermächtigung (RE).

RV + RM = RE

Dieses Programm wird dich über die Anfängerphase des Erwachens hinausführen, Körper und Geist neu ausrichtetn und die Instrumente des Radikalen Ermächtigungs-Programms zu deiner zweiten Natur werden lassen.

Dieses Online-Programm gibt es momentan nur auf Englisch, Informationen dazu findest Du unter:
www.radicalforgiveness.com

■ **Arbeite mit einem Coach der Tipping-Methode.**

Es gibt mittlerweile genügend Coaches, die eine Ausbildung in der Tipping-Methode der Radikalen Vergebung absolviert haben. Sie sind gerne bereit, dich auf deinem Weg zu begleiten und stehen jederzeit für Fragen zur Verfügung.

■ **Mach einen Workshop.** Diese Alternative wird deinen Lernprozess besonders stark beschleunigen. Die Workshops unterscheiden sich in punkto Länge und Tiefe, aber alle werden von erfahrenen Coaches angeboten. Viele Menschen berichten, dass sie schon durch den Besuch eines dieser Seminare viele ihrer „Geschichten“ auflösen und zentrale Punkte ihrer Vergangenheit klären konnten.

Eine Liste aller anerkannten Coaches und Workshop-Termine findest du auf: www.tipping-methode.de

(Ich bitte um Entschuldigung, wenn dies vielleicht ein wenig nach Werbung klingt. Aber ich halte die zusätzlichen Instrumente für wertvoll und nützlich, um deinen Erwachensprozess zu stabilisieren.)

Übung 8
Deine Bestimmung entdecken

Ich habe ja bereits erwähnt, dass viele Menschen, die einen Erwachensprozess durchlaufen, oftmals auch eine berufliche Veränderung anstreben. Meist war ihre bisherige Karriere auf Prämissen gegründet, mit denen sie sich jetzt nicht mehr identifizieren möchten. Wenn sich die inneren Werte verändern, sollte man sich selbst treu bleiben und seinen neuen Status auch nach außen vertreten.

Ein buddhistischer Mönch hat dazu in etwa Folgendes gesagt:

„Jeder Mensch sollte zumindest einmal im Leben die Gelegenheit bekommen, zu etwas beizutragen, das größer ist als sie oder er. Geschieht das nicht, fühlt man sich, als hätte das Leben keinen rechten Sinn gehabt hat.“

Interessanterweise wissen manche Leute genau, was ihre Bestimmung ist, während andere nur vage Ideen darüber haben. Denn wer durch seine Arbeit seinen Lebensunterhalt erwirtschaften muss, darf natürlich auch die finanzielle Seite nicht außer Acht lassen.

Was aber genauso richtig ist, ist die Tatsache, dass es auf dieser Welt keinen Mangel an Geld gibt. Es gibt hier kein Hindernis, dass unser Wachstum einengen könnte. Wenn wir Grenzen sehen, zeigt das nur, wie sehr wir mit unserem Denken in alten Paradigmen festhängen.

Was wirklich zählt, sind die Mission und die Aufgabe, derentwegen wir uns hier auf dieser Erde inkarniert haben. Wenn wir diese entdeckt haben, läuft plötzlich alles wie von selbst, und alle notwendigen Ressourcen werden zur Verfügung gestellt.

Der Klarheit wegen sollten wir an dieser Stelle zwischen Mission und Lebensaufgabe unterscheiden. Zur Veranschaulichung hier zwei Beispiele aus meinem eigenen Leben.

Eine Mission ist etwas Spezifisches, zu dem wir uns vor unserer Inkarnation entschieden haben. Meine Mission ist es zum Beispiel*, das Bewusstsein des Planeten durch Radikale Vergebung anzuheben und bis zum Jahre 2012 eine Welt der Vergebung entstehen zu lassen.*

Unsere Lebensaufgabe oder Bestimmung ist die Tätigkeit hier auf der Erde, die diese Mission unterstützt. Um erneut mein Beispiel zu zitieren: *Meine Bestimmung besteht darin, mit Hilfe meiner Qualitäten als Autor und Redner das Konzept der Radikalen Vergebung so vielen Menschen wie möglich zugänglich zu machen und andere zu lehren, dasselbe zu tun.*

Die Mission ist grandios und visionär, während die Bestimmung eher ein kreatives, vorwärts gerichtetes Handeln erfordert. Im Grunde unterstützt die Bestimmung die Mission. Aber nur in seltenen Fällen kennt man seine Mission, bevor man sich mit seiner Bestimmung oder Lebensaufgabe auseinandergesetzt hat.

Warum ist das so? Gibt es einen Grund, warum du deine Lebensaufgabe noch nicht kennst? Ich denke schon. Bevor du dich hier auf der Erde inkarnieren konntest, hast du aus spirituellen Gründen zugestimmt, dass dir bestimmte Informationen vorerst nicht mehr zugänglich sind. Das war notwendig, um deine in der höheren Dimension festgelegten Aufgaben und Absprachen wieder zu vergessen; denn nur so kannst du dich an dem Spiel hier auf Erden realistisch beteiligen. Zusammen mit vielen anderen Dingen ist dabei auch deine Mission in Vergessenheit geraten. Denn erst nach dem Erwachen sollst du all dies wieder entdecken.

Es kann zum Beispiel vorkommen, dass du das Gefühl hast, irgendetwas zu tun oder irgendwo hingehen zu müssen, ohne dass es einen vernünftigen Grund dafür gibt. Es fühlt sich einfach nur richtig an. Die Spirituelle Intelligenz kann dir auf diese Weise Hinweise geben, die dich deiner Bestimmung näher bringen.

Ein wichtiger Indikator, der dir anzeigt, ob du auf dem richtigen Weg bist, ist die Freude, die du bei dem empfindest, was du tust. Wenn du die Aufgaben, die dir das Leben stellt, voller Freude, Leidenschaft und Hingabe angehst, kannst du sicher sein, dass die Richtung stimmt. Deine Lebensaufgabe muss sich nicht zwangsläufig mit dem decken, womit du dein Geld verdienst. Es kann genau so gut ein Hobby oder jede Aktivität sein, die dich inspiriert und befriedigt.

AUFGABEN:

1. Falls du das Gefühl hast, deine Bestimmung bereits zu kennen, gib hier einen kurzen Abriss. Ist damit eine besondere Vision verbunden? Kannst du einen Beruf daraus machen? Wenn ja, wie könnte deine Tätigkeit aussehen? Arbeitest du bereits in dieser Richtung, oder hast du vor, in diesen Bereich überzuwechseln – und wenn ja, wann?

2. Wenn du noch nicht weißt, worin deine Lebensaufgabe besteht, oder wenn er dir nicht klar genug ist, möchte ich dir im Folgenden eine sehr effektive Methode vorstellen, deine Bestimmung zu erkennen.

Eines muss ich jedoch vorweg stellen: **Einfach nur HIER zu sein, IST bereits unsere Bestimmung.** Genau darum sind wir hierher gekommen. Mach dir also keine Sorgen, wenn du noch keine genauere oder konkretere Lebensaufgabe gefunden hast. Vielleicht gibt es in deinem Fall gar nichts Besonderes zu tun, und wenn das so ist, ist es auch völlig in Ordnung.

Trotzdem ist es sehr wahrscheinlich, dass deine Reise mit Themen oder Vorhaben zusammenhängt, denen du entweder vor deiner Inkarnation oder im Verlauf deines Lebens zugestimmt hast. Und, wie ich bereits erwähnt habe, haben sie für gewöhnlich den Zweck, anderen auf eine tiefe und sinnvolle Weise zu dienen. Meist geht es darum, deine besonderen Fähigkeiten und Talente mit anderen zu teilen. Deshalb sollten wir damit jetzt auch anfangen.

(Die folgende Methode wird auch in Kapitel 22 meines Buchs *Vom Herzenswunsch zur Realität* beschrieben).

Schritt Eins – Deine Fähigkeiten und Talente

Erstelle eine Liste all deiner Talente, Fähigkeiten, Interessen und persönlichen Qualitäten, derer du dir bewusst bist.

Zum Beispiel:

Kreativ	*Guter Tänzer*
Künstler (Maler)	*Führungsqualitäten*
Geduldig	*Freundlich*
Gut im Recherchieren	*Mitfühlend*
Kommunikativ	*Guter Lehrer*
Kann gut mit Kindern umgehen	*Akademiker*
Guter Redner	*Musische Begabung*

Füge noch hinzu, was andere in dir sehen

Frage einige dir nahestehende Menschen – Freunde, Familie, Kollegen etc., welche Fähigkeiten, Talente, Qualitäten und Fähigkeiten sie in dir sehen und an dir schätzen. Füge deiner Liste auch die Qualitäten hinzu, die du bisher nicht in dir gesehen hast.

Schätze bei jeder Fähigkeit deine Kompetenz ein

Gib dir selbst auf einer Skala von 0 bis 100 eine Zahl, mit der du angibst, wie gut du in dem jeweiligen Bereich bist. Null heißt, du hast dazu keinerlei Befähigung, während 100 für komplette Meisterschaft steht. 50 wäre dann genau in der Mitte. Sei so objektiv, wie du nur sein kannst. Frag andere, falls nötig.

Miss die Begeisterung, die du empfindest

Jetzt versuche die Begeisterung einzuschätzen, die du für jede Aktivität auf der Liste empfindest. Benutze eine Skala zwischen 0 und 100. Null würde bedeuten, du verabscheust diese Tätigkeit und würdest sie nie freiwillig ausüben. 100 bedeutet, dass du unglaublich viel Freude daran hast und jeden Moment vermisst, wenn du sie nicht ausübst. 50 heißt, du übst die Tätigkeit durchaus gern aus, wenn sie ansteht, aber du würdest dich nicht unbedingt darum reißen.

Pass auf, dass du deine Einschätzung nicht davon abhängig machst, wie viel Anerkennung dir die jeweilige Tätigkeit einbringt. Das mag dir zwar wichtig sein, ist aber zweitrangig in Bezug auf das Gefühl, das dir diese Tätigkeit schenkt. Eine Möglichkeit dies zu überprüfen, besteht zum Beispiel darin, dein Bauchgefühl zu beobachten, wenn du das Wort aussprichst oder darüber nachdenkst, wie es sich anfühlt, diese Qualität oder dieses Talent auszuüben. Ist es positiv oder negativ? Fühlst du dich dadurch gut, oder eher angespannt?

Zum Beispiel:

	Kompetenz	*Begeisterung*
Kreativität	*70*	*80*
Künstler (Maler)	*40*	*95*
Geduld	—	*60*
Gut im Recherchieren	*40*	*5*
Fähigkeit zur Kommunikation	—	*20*

Kann gut mit Kindern umgehen	—	*60*
Guter Redner	*30*	*10*
Musisch	*60*	*70*
Akademisch	*40*	*10*
Tanzen	*20*	*40*
Führungsqualitäten	*20*	*20*
Freundlich	—	*50*
Mitgefühl	—	*60*
Guter Lehrer	*60*	*70*

Bitte beachte: Kompetenz ist nicht unbedingt gleichbedeutend mit Begeisterung oder Freude. Die Person in dem oben genannten Beispiel ist zwar ein kompetenter Akademiker und gut im Recherchieren, aber beides macht ihm keinen besonderen Spaß. Sein malerisches Talent hat genau dieselbe Punktzahl wie diese beiden Fähigkeiten, aber hier empfindet er viel mehr Freude und Begeisterung.

Schritt Zwei – Wie du sie gern ausdrückst

Wähle fünf Begriffe, die auf deiner Liste in der Spalte Begeisterung hohe Werte haben, unabhängig davon, wie kompetent du in diesen Bereichen bist. Schreibe jetzt bitte auf, auf welche Weise du sie gerne ausdrückst.

Zum Beispiel:

a) Kreativität:

Ich drücke meine Kreativität gern dadurch aus, dass ich versuche, die Dinge immer wieder neu zu sehen und meine Wahrnehmungen visuell durch Bilder oder in Form von Tanz oder Musik auszudrücken.

b) Malerei:

Ich liebe es, mich im Malprozess zu verlieren und meinen Gefühlen auf diese Weise Form zu geben. Dadurch kann ich viel über mich und meine Umwelt erfahren.

c) Musik:

Ich liebe es, Klavier und Keyboard Instrumente zu spielen. Außerdem experimentiere ich gern mit Klängen und Harmonien, die ich im Multimediaformat mit anderen Objekten verbinde.

d) Guter Lehrer:

Ich liebe es, mit Kindern umzugehen, weil sie so offen und frei sind, wenn man sie gewähren lässt. Ich scheine die Fähigkeit zu haben, diese Eigenschaften in ihnen hervorzubringen.

SCHRITT DREI – MEINE BESTIMMUNG IST ES ...

Führe jetzt alles zusammen und beschreibe in mutigen Bildern, was du erreichen oder tun würdest, wenn du all deine Talente so ausdrücken dürftest, wie sie dir am meisten Spaß machen und dir ermöglichen dich ungehindert zu entfalten.

Zum Beispiel:

Meine Bestimmung besteht darin, voller Mitgefühl und Geduld die Kreativität in jedem Kind erblühen zu lassen. Das erreiche ich dadurch, dass ich sie an meiner Leidenschaft für Malerei, Tanz und Musik teilhaben lasse und ihnen zeige, wie man durch Kunst Millionen von Menschen Freude schenken kann.

Vereinfachung

Jetzt vereinfache das Ganze zu einer kurzen, einprägsamen Aussage. Die oben stehende Aussage deckt zwar alle Einzelheiten ab, aber sie ist noch zu lang und umständlich. Man kann sie sich nur schwer merken. Eine Aussage in Bezug auf deinen Lebenszweck muss etwas sein, das du oft wiederholen kannst, deshalb sollte sie kurz, eingängig und leicht verständlich sein.

Zum Beispiel:

> Meine Bestimmung ist es, Kinder zu inspirieren, ihre Kreativität freizusetzen und Freude am kreativen Prozess zu entwickeln, wodurch auch ich mich als Künstler verwirkliche.

Wie fühlt sich das an?

Lass deinen Bauch entscheiden, ob du es richtig ausgedrückt hast. Poliere die Aussage so lange, bis sie sich gut anfühlt und wirklich zu dir passt.

Wenn nicht, versuche zum Beispiel die Reihenfolge zu verändern. Im oben beschriebenen Fall ist es sicher so, dass die Person die größte Freude im künstlerischen Ausdruck empfindet, speziell in der Malerei. Hier hat sie sich 95 von 100 Punkten gegeben. Die Themen Kinder und Lehren hatten 60 beziehungsweise 70 Punkte. Ich frage mich, ob diese Person sich nicht selbst verraten hat, indem sie sich eher für das, was möglich oder machbar ist, entschieden hat, anstatt für das, was ihr wirklich am Herzen liegt.

Also lass es uns nochmal versuchen. Jetzt in einer Version, bei der die Malerei wirklich im Mittelpunkt steht und das Unterrichten von Kindern zweitrangig wird.

> *Meine Bestimmung besteht darin, die Art, wie Millionen Menschen die Welt sehen, durch mein Talent als Maler, Musiker und Tänzer zu verändern. Durch meine künstlerischen Fähigkeiten gelingt es mir, ihnen ein neues Verständnis der Realität zu vermitteln. Darüber hinaus nutze ich meine Fähigkeiten als Lehrer, indem ich Herz und Verstand der Kinder so anrege, dass auch sie Freude am kreativen Ausdruck finden.*

Und wenn man es noch einmal kürzt:

Meine Bestimmung ist es, die Welt durch meine Kunst zu verändern, indem ich den Menschen die Augen öffne für das, was wirklich wichtig ist, wobei ich gleichzeitig die Kreativität der Kinder wecke.

Diese Formulierung scheint mir mehr in Übereinstimmung mit der Lebensaufgabe zu sein. Dabei ist nebensächlich, dass die Kompetenz in diesem Bereich eigentlich noch gar nicht so überragend ist. Dies lässt sich durch Übung nachholen. Mehr dazu findest du in meinem Buch „Vom Herzenswunsch zur Realität".

Entscheidend ist die Begeisterung. Und mit 95 Prozent Leidenschaft ist der Erfolg schon fast garantiert.

Verinnerliche deine Aussage

Sobald du deine Lebensaufgabe für dich klar formuliert hast, präge sie dir gut ein. Lass diese Affirmation zum Maßstab für alles werden, was du tust. Gewöhne dir an, dich vor jeder Entscheidung zu fragen, welche der Möglichkeiten deine Lebensaufgabe besser unterstützen wird und dann wähle genau diese. So wirst du immer mehr in Einklang mit deiner Bestimmung kommen. Und das bedeutet, du wirst an Kraft und Einfluss gewinnen. So wird es dir von Monat zu Monat leichter fallen, genau das im Leben zu manifestieren, was du dir wünschst.

Bleib nicht stehen

Wenn sich die Aussage für dich immer noch nicht richtig anfühlt, poliere sie einfach weiter. Die Dinge verändern sich. Es kann durchaus sein, dass die Formulierung für dich über viele Monate oder Jahre hinaus stimmig war. Aber dann musst du sie wieder verändern, weil sich neue Prioritäten und Vorlieben entwickelt haben. Folge deinem Gefühl und vertraue der Entwicklung.

Lass andere teilhaben

Wenn es dir gelingt, deine Mitmenschen (und sei es auch nur ein kleines bisschen) für deine Mission zu begeistern, wird sich deine Energie um ein Vielfaches steigern. Aber schau genau hin, mit wem du dich verbindest und auf welcher Ebene. Wenn du zum Beispiel jemandem davon erzählst, der nur wenig Verständnis für dich und deine Bestimmung hat, wirst du schnell Enttäuschung oder Kritik ernten. Und dies bremst wiederum deine Energie.

Wähle bewusst, wem du dich anvertraust. Dann wirst du auch die Unterstützung bekommen, die du brauchst, um deine Bestimmung zu erfüllen.

Übung 9
Bewusst manifestieren

Es war Teil deines Opferbewusstseins, zu glauben, dass das, was in deinem Leben passiert ist, durch Zufall entstanden ist oder einfach nur Glück war. Aber jetzt, da dein Erwachen schon gut vorangekommen ist, hast du sicher erkannt, dass nichts rein zufällig geschieht.

Was *dort draußen* vor deinen Augen erscheint, ist eine Widerspiegelung dessen, was sich *hier drinnen* – in unserem Bewusstsein – abspielt. Wir erschaffen die Realität durch unsere Gedanken, Überzeugungen und Absichten. Und wir geben ihnen Kraft durch unsere Emotionen. Das Bewusstsein ist der kreative Schöpfer der Welt. Dies zu erkennen, ist Teil dessen, was Erwachen bedeutet.

Hast du eigentlich schon bemerkt, wie wunderbar du dir deine Lebensumstände erschaffen hast? Wie sie dir dienten, indem sie dir halfen, die benötigten karmischen Einheiten zu verdienen? Zufall oder Glück spielten dabei definitiv keine Rolle. Du hast immer genau das bekommen, was du dir gewünscht hast.

Das gilt übrigens ebenso für einzelne Nationen oder die Menschheit als Ganzes. Auch als Menschheitsfamilie erschaffen wir uns genau die Situationen, die wir brauchen, um spirituell zu wachsen.

Im vergangenen Abschnitt deiner Reise hast du das noch völlig unbewusst getan. Alles diente im Wesentlichen dazu, dein Gefühl des Getrenntseins zu verstärken. Aber inzwischen bist du erwacht und kannst dir deshalb den Luxus leisten, mit vollem Bewusstsein zu manifestieren. Du kannst dir auswählen, was du erschaffen oder nicht erschaffen möchtest, und du kennst auch genau die Gründe dafür.

Das klingt wie ein Segen, und so ist es auch. Aber es verlangt auch eine gute Portion Verantwortungsbewusstsein. Deine bewussten Entscheidungen erzeugen andere Schwingungsmuster als die, die du erfahren hast, als du noch unbewusst warst.

Wenn du jetzt als bewusster Mensch deine Energie einsetzt, um Dinge zu manifestieren, die der Umwelt schaden, gegen die Menschenwürde verstoßen oder anderen Schmerz zufügen, wird das automatisch auch deine eigene Schwingungsfrequenz herabsetzen. Und dies führt wiederum dazu, dass auch die Atmosphäre des Planeten als Ganzes dunkler wird.

Ich vermute, dass du dir als erwachte Person eigentlich genau das Gegenteil wünschst. Und dass du dich lieber dafür einsetzen möchtest, dass deine Schwingungsmuster heller und offener werden, weil du einen positiven Beitrag für die Entwicklung des gesamten Planeten leisten möchtest.

Wie dem auch sei, ich möchte damit nicht das Missverständnis aufkommen lassen, dass du dir nichts Materielles wünschen darfst oder Dinge, die du einfach gern besitzen möchtest. Es geht vielmehr darum, wie du deine kreative Energie am Sinnvollsten und zum Wohle aller nutzt. In meinem Buch *‚Vom Herzenswunsch zur Realität – Mit spiritueller Intelligenz Träume erfüllen‘*, habe ich drei Ebenen der Absicht definiert. Ich habe sie hier noch einmal aufgeführt, denn sie können dir helfen, deine Energie so einzusetzen, dass ein Gleichgewicht zwischen deinen Wünschen und deinem Lebenszweck entsteht.

Diese sind:

1. **Grundsätzliche Absichten (oder Absichten auf der Basisebene):** Diese sind zum Beispiel genügend Geld zur Verfügung zu haben, ein schönes Zuhause, einen guten Job oder eine eigene Firma, ein Auto einer bestimmten Marke, eine erfüllende Partnerschaft und so weiter. Allgemein verstehen wir darunter unser Bedürfnis, Dinge, Bedingungen oder Situationen zu schaffen, von denen wir glauben, dass sie uns gut tun – sowohl körperlich als auch emotional.

2. **Transformatorische Absichten:** Sie beschreiben unser Bedürfnis nach Weiterentwicklung und persönlichem Wachstum. Darunter fallen Dinge wie die richtige Ausbildung zu erhalten, den passenden Lebensberater zu finden, eine berufliche Karriere zu starten, die einen auch persönlich voranbringt usw.

3. **Transpersonale Absichten:** Hier geht es um unser Bedürfnis Dinge zu erreichen, die uns helfen, über uns selbst hinauszuwachsen. Die Motivation ist hier, Gutes für andere zu tun, für die Menschheit als Ganzes, die Umwelt usw. Zum Beispiel könnte dies sein, den Hunger in der Welt zu beenden, ein Heilmittel gegen AIDS zu finden, den Frieden im Nahen Osten zu fördern, weibliche Genitalverstümmelung und Kindesmissbrauch zu beenden, oder sonstige Dinge von sozialer und humanitärer Relevanz anzugehen.

Idealerweise sollte jede Absicht mit einem Bedürfnis oder Ziel der nächsthöheren Ebene korrespondieren. Mit anderen Worten, wenn du einen Grund angibst, warum du etwas auf der Ebene der grundsätzlichen Absicht manifestieren willst, wird es mehr Bedeutung, eine höhere Schwingung und daher auch mehr Kraft bekommen, wenn es mit einer oder beiden der darüber liegenden Ebenen verbunden ist.

Aber nimm das nicht zu streng. Falls es etwas ist, das du dir unbedingt wünschst, dann gönn‘ es dir ruhig – auch wenn es sich dabei „nur“ um eine Absicht auf der Basisebene handelt.

Jetzt würde ich gern beschreiben, wie der Manifestationsprozess tatsächlich funktioniert, und was wir damit meinen, wenn wir behaupten, dass das Universum aus Fülle besteht und die Natur keinen Mangel kennt. Diese Theorien gründen sich auf die Arbeit des Physikers David Bohm.

Bohm sagt, dass die Wirklichkeit, wie wir sie im täglichen Leben erfahren, in Wahrheit eine Illusion ist. Es ist wie bei einem holographischen Bild. Unter der sogenannten objektiven Realität verbirgt sich eine tiefere Wirklichkeit, die die materielle Welt, wie wir sie wahrnehmen, permanent neu entstehen lässt.

Diese höhere Ebene der Wirklichkeit nennt er die *implizite Ordnung*, in der die Dinge, die noch nicht manifest sind, enthalten sind und darauf warten, durch den Bewusstseinsprozess manifestiert und dadurch real zu werden. Wenn dies geschieht, wird es ausgedrückt (oder explizit gemacht) und bildet so das, was Bohm die *explizite Ordnung* der Dinge nennt.

Nach Bohms Aussage ist der Manifestationsprozess einfach nur das Ergebnis unzähliger Bewegungen von der implizierten zur explizierten Ordnung der Wirklichkeit. Er ist der festen Überzeugung, dass es keine Grenzen dafür gibt, was die implizite Ordnung (das Universum in seiner ganzen Fülle, in der es keinen Mangel gibt) explizit machen kann. Es ist alles bereits da und in der impliziten Ordnung in Form von Energie enthalten. Wir müssen es nur manifestieren und dadurch nach außen bringen.

Und dazu gibt es Werkzeuge. Wir nennen sie die Werkzeuge der Radikalen Manifestation. Mit ihrer Hilfe lernen wir, unser Bewusstsein – genauer gesagt unsere Spirituelle Intelligenz – auf das zu fokussieren, was bereits in der impliziten Ordnung der

Dinge angelegt ist. Wir können mit ihnen tatsächlich erschaffen und Neues kreieren. Das geht weit besser, als wenn wir uns die Dinge einfach wünschen. Denn mentale Energie allein reicht dabei nach meiner Erfahrung nicht aus.

Wenn auch du dieses Verfahren ausprobieren möchtest, empfehle ich dir, systematisch die folgenden Schritte zu durchlaufen:

A) **Erstelle eine Liste von Dingen**, die du gern aus der impliziten Ordnung – dem Feld unbegrenzter Möglichkeiten – hinaus in die Welt bringen würdest. Gib jedem einzelnen Punkt einen Zeitrahmen, definiere, um welche Ebene der Absicht es sich dabei handelt und wie dieser Punkt mit den beiden anderen Ebenen verknüpft ist.

B) Wende auf jeden dieser Punkte die **6 Schritte zur Radikalen Manifestation** an:

1.) *Werde Dir bewusst, was genau Du manifestieren möchtest.*
Was motiviert dich, das *Gewünschte* zu erhalten? Welche einschränkenden Überzeugungen haben dich bisher daran gehindert es zu erhalten?
(Erlaube dir, alles bewusst wahrzunehmen und zu fühlen.)

2.) *Fasse nun deinen Wunsch sehr präzise in Worte.*
Verwende dazu eine Formulierung, als hättest du das *Gewünschte* bereits.

3.) *Visualisiere das Endresultat.*
Sehe es ganz deutlich vor deinem geistigen Auge.

4.) *Spüre, wie es sich anfühlt, das Gewünschte bereits zu haben.*
Erfahre es mit all deinen Sinnen.

5.) *Übergebe nun deinen Wunsch, das Beschriebene zu erhalten, vollkommen der geistigen Welt.*
Dies ist der Schritt, bei dem deine spirituelle Intelligenz übernimmt.

6.) *Lasse dein Verlangen, das Gewünschte zu erhalten, vollständig los.* Vertraue darauf, dass es so zu dir kommt, wie es am Besten für dich und alle Beteiligten ist.

Am Wichtigsten ist hierbei, zu erkennen, dass die ersten vier Schritte mit Hilfe der mentalen und emotionalen Intelligenz durchgeführt werden. Die letzten beiden jedoch können nur mit Hilfe der Spirituellen Intelligenz umgesetzt werden. Dabei ist es äußerst wichtig, dass wir diese Arbeit als eine spirituelle Praxis begreifen.

Zur Vertiefung empfehle ich mein Buch *„Vom Herzenswunsch zur Realität“*. Wer mit der englischen Sprache gut vertraut ist, kann auch das Radical Manifestation online Programm benutzen, das ich auf meiner amerikanischen Webseite anbietet:

www.radicalmanifestaton.com

Übung 10
Den Himmel auf Erden erschaffen

In Übung 8 zum ‚Wach werden' habe ich vorgeschlagen, dass du eine Aussage über deinen Lebenszweck formulierst und dir ausmalst, mit welcher Mission du auf diese Erde gekommen bist. Ich habe dich auch darum gebeten, eine Aussage über deine Bestimmung zu formulieren, die weit über dein persönliches Ich hinausgeht. 1999 hat man mich gebeten, dasselbe zu tun, und – wie du ja wahrscheinlich schon weißt – fiel mir dazu Folgendes ein:

> *‚Meine Mission besteht darin, das Bewusstsein des Planeten durch Radikale Vergebung anzuheben und bis zum Jahre 2012 eine Welt des Vergebens entstehen zu lassen.'*

Mein Konzept einer Welt der Vergebung bestand nicht einfach nur darin, dass die Menschen sich besser verstehen und einander vergeben würden. Nein, was ich kreieren wollte, war das, was in vielen Prophezeiungen und alten Schriften vorausgesagt wurde. Was sie alle ausdrücken ist, dass es einen großen Bewusstseinswandel geben wird, der auf der Welt eine Situation entstehen lassen wird, in der die Welt der göttlichen Wahrheit mit der Welt der menschlichen Wahrnehmung in Einklang kommt. Die Angst würde Platz für die Liebe machen, und wir würden in vollkommener Harmonie leben. Mit anderen Worten, wir würden den Himmel auf Erden haben. Es wurde vorausgesagt, dass dies um das Jahr 2012 herum passieren würde, deshalb habe ich dieses Datum auch in meiner Leitlinie festgehalten.

Als ich diese Leitlinie formulierte, konnte ich nicht ahnen, dass es dafür tatsächlich eine Chance zur Verwirklichung geben würde. Ich hatte damals die Radikale Vergebung erst zwei Jahre zuvor entwickelt, und obwohl ich wusste, dass sie äußerst effektiv war, hatte ich noch keine Vorstellung von ihrer Kraft, die Welt zu verändern, geschweige denn, den Himmel auf Erden zu erschaffen. Jetzt sehe ich, dass dies durchaus möglich ist. Aber ich brauche dazu deine Hilfe. Lass es mich dir erklären.

Ich habe dieses Buch mit der Geschichte von Steve Parker begonnen. Du erinnerst dich sicher noch daran, welche Abenteuer Steve erlebte, als er von seiner Mission hier auf Erden wieder nach Hause zurückkehrte. Wie du ja weißt, hieß sein Inkarnationsengel Harley, und gemeinsam hatten sie sich Steves Reise noch einmal vor Augen geführt.

Was du vielleicht nicht weißt, ist, dass ich in einem früheren Buch aus dem Jahr 2003, meinen Lesern Harleys Geschichte schon einmal vorgestellt habe. Ja, dort handelt es sich um denselben Inkarnationsengel. Und er bereitet in der Geschichte eine junge Seele (mit dem Pseudonym Jack Barber) auf seine erste Inkarnation vor. Weil er ein Neuling ist, muss Harley ihm erklären, wie die Dinge auf dem Planeten Erde funktionieren, was er zu erwarten hat, wer seine Eltern sein werden und so weiter. Aber die Geschichte nimmt erst in der Mitte des Buchs so richtig Fahrt auf, als Harley von *„ganz oben“* die Botschaft erhält, dass Jack eine sehr besondere und anspruchsvolle Mission zu erfüllen hat. Eine Mission die, wenn sie erfolgreich verläuft, die Kraft hat, der Welt eine neue Richtung zu geben.

Der folgende, sehr gekürzte Auszug aus diesem Buch, beginnt mit der Situation, in der Jack seine Aufgabe mitgeteilt bekommt. Ich wünsche mir, dass du den Text liest, um dir und hoffentlich auch vielen anderen bewusst zu machen, wie du mir helfen kannst, meine Mission zu erfüllen, ohne dabei den anderen, weniger attraktiven Aspekt der Prophezeiung zu materialisieren – Tod und Zerstörung in einem planetaren Ausmaß. Viel Spaß bei dem was Harley jetzt erzählt!

....

Die Mission wird offenbart

Nachdem ich meine Grundausbildung abgeschlossen hatte, kam der Moment, in dem ich meine Mission erfahren sollte. Zugegeben, ich war schon ein wenig beunruhigt. Alles, was man mir über die Welt der Menschen erzählt hatte, ließ mich mindestens zweimal darüber nachdenken, ob ich mir wirklich zutrauen würde, auch nur eine gewöhnliche Aufgabe als Mensch zu übernehmen, geschweige denn etwas ganz Besonderes, welches eine noch größere Herausforderung darstellen würde.

„Setz dich, Jack“, sagte Harley. „Ich muss dir etwas erzählen. Etwas, das mich selbst überrascht hat, als ich es von der höchsten Entscheidungsebene hörte.“

„Geht es um meine Mission, Harley?“ fragte ich ihn. „Bitte, sag es mir ganz offen, ich kann es kaum erwarten.“

„Deine Mission besteht darin, der Präsident der Vereinigten Staaten zu werden, die Seele Amerikas zu heilen, die Menschen zum Erwachen zu bringen und auf der ganzen Welt Frieden herrschen zu lassen.“

„Harley, diesen Witz kannst du dir selber erzählen. Ich verstehe ja nicht einmal, was das heißt!“ An diesem Punkt war ich schon völlig aufgelöst.

„Warum tust du mir das an, Harley?“ fragte ich. „Ich wünsche mir nur eine ganz gewöhnliche Inkarnation. Das hier ist mehrere Nummern zu groß für mich.“

„Keine Panik, Jack. Es wurde alles längst entschieden. Wir haben ein großes Team von Engeln, das daran arbeitet – sehr alte Seelen, die dich bei jedem Schritt unterstützen werden. Also brauchst du dir wirklich keine Sorgen zu machen."

Ich war total geschockt. Warum gerade ich, dachte ich. Ich will diese Verantwortung nicht! Ich bin keine alte, erfahrene Seele wie die anderen, die Harley vor mir auf die Erde geschickt hat, warum sollte man mich also für eine so große Aufgabe auswählen?

„Warum ausgerechnet diese Mission, und warum jetzt?" fragte ich.

„Nun, du erinnerst dich ja vielleicht noch daran, dass die Universelle Intelligenz ihr Bewusstsein ausdehnen will, indem sie uns erschaffen hat und dann durch uns die dreidimensionale Welt der Trennung entstehen ließ"

„Ja", nickte ich.

„Also, es sieht so aus, als ob dieses Experiment zunehmend dem Ende entgegenschreitet. Mittlerweile haben genug Seelen die Erfahrung der irdischen Existenz gemacht. Das Ziel Trennung durch Kriege, Kampf, Hunger, Diskriminierung, Folter, Missbrauch, Schmerz und Leid erfahrbar zu machen, ist erfüllt worden. Jetzt können wir damit beginnen, die Menschheit zum Erwachen zu bringen.

Dieses Erwachen wird in Amerika beginnen und sich von dort aus über die ganze Welt ausbreiten. Das war immer schon das Schicksal der Seele Amerikas, Jack, und alles, was im Moment dort passiert, ist bereits die Vorbereitung auf das Erwachen.

Amerika wird bald einen großen Zusammenbruch erleben. Die Menschen, die die Warnsignale erkennen, stehen vor der Wahl entweder zu erwachen, bevor alles noch schlimmer wird, oder sich dem Erwachen zu widersetzen und genau die Katastrophe zu erleben, die in vielen Prophezeiungen vorhergesagt wurde. Die Wahl besteht darin, entweder bewusst zu werden und ein Teil des Himmel-auf-

Erden-Szenarios zu werden, oder Widerstand zu leisten und unterzugehen.

Deine unangenehme Aufgabe wird es sein, die Bedingungen für den Zusammenbruch so zu schaffen, dass die Warnsignale klar und unmissverständlich sein werden. Doch wie gesagt, du wirst dabei Hilfe bekommen, also mach dir keine Sorgen!

Ich habe ja früher schon erzählt, dass dir eine andere Seele als Partner für das Projekt zur Hilfe kommen wird. Sie wird die notwendigen Dramen einleiten, damit du deine Mission erfolgreich durchführen kannst. Ihre Rolle wird darin bestehen, dir dabei zu helfen, die Seele Amerikas zu heilen. Denn nur dann kann Amerika auch den Rest der Welt zum Erwachen bringen. Und damit dies geschieht, hat sie eingewilligt, das Schattenmaterial Amerikas an die Oberfläche zu bringen, damit es auf diese Weise geheilt werden kann."

(Harley erklärte dann, wie Eric (der in seiner irdischen Rolle als Shadeem bekannt werden wird) als schrecklicher Diktator Massenvernichtungswaffen einsetzen wird, um jeden Widerstand gegen sein Regime brutal zu unterdrücken. Wie er Vereinbarungen und Verträge brechen wird, Attentate initiieren und versuchen wird, an möglichst viel Öl zu gelangen. All dies wird dazu dienen, die Schattenseite der USA zu aktivieren, denn das Land hat diese Handlungen provoziert.)

„Was Amerika in Shadeem hasst, ist also nur eine Reflektion des eigenen Schattens, stimmt's?" fragte ich.

„Genau so ist es", erwiderte Harley. „Darüber hinaus hat das kollektive Unbewusste des Landes, das sich danach sehnt, geheilt zu werden und die schmerzhafte Vergangenheit zu überwinden, Shadeem genau für diesen Zweck erschaffen. Nach Shadeem wird es noch andere geben, aber die werden später erscheinen.

Amerika hat tiefe Wunden, die es aus eigener Kraft bisher nicht heilen konnte. Das Land braucht Menschen wie Shadeem und andere nach ihm, um sich dessen bewusst zu werden. Du wirst einen wichtigen Beitrag dazu leisten, wenn du erst einmal Präsident der Vereinigten Staaten geworden bist. Erst danach wird Amerika den Rest der Welt aus der Dunkelheit herausführen können."

Ich verstand sofort, wie wichtig diese Aussage von Harley war. Ich würde also eine Führungsrolle übernehmen müssen, um der Nation zu zeigen, wie unsere Feinde unsere Lehrer sind, und wie wir durch sie die Chance haben, unsere Kollektivseele zu heilen.

„Ich verstehe, Harley", nickte ich. „Aber selbst von hier oben sieht das nach einer ziemlich harten Nuss aus. Ich kann mir kaum vorstellen, wie ich als ein Präsident mit unterdurchschnittlichem Intelligenzquotienten, miserablen Sprachkenntnissen und vielen anderen spleenigen Qualitäten den Kongress davon überzeugen soll, dass dies nicht eine total verrückte Idee von jemandem ist, der eigentlich in die Psychiatrie gehört."

„So wird das auch gar nicht laufen, Jack", erwiderte Harley beruhigend. „In einem Punkt hast du allerdings recht. Allein mit vernünftigen Argumenten wirst du nie jemanden überzeugen. Nein, das Ganze wird durch eine energetische Neuorientierung im Bewusstseinsfeld aller Amerikaner passieren.

Außer dir und Eric gibt es noch eine andere Seele, die freiwillig angeboten hat, eine wichtige Schlüsselrolle in diesem Projekt zu spielen. Sie wird viel zur ersten Phase des materiellen Zusammenbruchs beitragen. Genau wie du und Eric hat auch dieser Mann ein außergewöhnlich großes Herz, sonst könnte er seine Aufgabe weiß Gott nicht erfüllen.

Seine Art, Trennung entstehen zu lassen, wird so aussehen, dass er eine wirklich dramatische Spaltung zwischen dem Islam und dem christlichen Abendland erzeugen wird. Er wird eine fundamentalistische Version des Islam propagieren und dadurch den Hass gegen Amerika in der Bevölkerung schüren. Dadurch wird der Eindruck entstehen, dass Amerika imperialistisch, gierig und arrogant und nur an der Durchsetzung des eigenen Vorteils interessiert ist. Gemeinsam mit anderen Kräften wird er die Zerstörung Amerikas fordern.

Obwohl das nach außen wie Wahnsinn aussieht, ist es natürlich Teil des göttlichen Plans. Diese Bewegung wird zuerst Amerika und dann den Rest der Welt an den Rand des Zusammenbruchs bringen, damit auf diese Weise auch bald der Durchbruch gelingen kann.

Aber diese Seelen werden noch spektakulärere Aktionen starten. Wenn alles wie geplant läuft, werden sie gleichzeitig zwei Flugzeuge entführen. Mit einem von ihnen werden sie direkt in ein Kernkraftwerk fliegen, was eine riesige Explosion zur Folge haben wird. Dies wird genügend radioaktives Material freisetzen, um Millionen von Amerikanern umzubringen. Aber wir werden dafür sorgen, dass das nicht geschieht. Es gibt keine wirkliche Notwendigkeit für so viel Tod und Zerstörung.

Das andere Flugzeug soll ins Weiße Haus fliegen, aber auch das werden wir verhindern. Diese Art von Chaos ist nicht mehr angesagt. Es geht hier mehr um die Symbolik. Die Amerikaner müssen spüren, wie verletzlich sie sind. Nur zu wissen, dass es fast hätte passieren können, reicht schon."

„Kann man auf diese Weise den Schatten eines Landes dauerhaft heilen, Harley?" fragte ich etwas besorgt. „Was muss geschehen, damit dies wirklich geschieht? Was kann ich tun?"

„Nicht besonders viel, Jack", erwiderte er. „Wir haben eine ziemlich einfache Technik entwickelt, um Schattenmaterial zu heilen. Sie heißt Radikale Vergebung, und weil sie so schnell, einfach und leicht anzuwenden ist, kann sie von jedem genutzt werden.

Wenn genug Menschen die Radikale Vergebung auf die sogenannten Schurken anwenden, werden sie eine kritische Masse erzeugen, die genügt, um einen Wachstumssprung im Bewusstsein aller Menschen einzuleiten. Auf diese Weise wird das Erwachen geschehen. So werden zusätzliche Kriege oder Konflikte überflüssig. Man braucht auch nicht viele Menschen, um diese kritische Masse zu erzeugen. Etwa 900 000 würden wahrscheinlich schon genügen."

„Das ist ja unglaublich", sagte ich. „Nachdem so viel auf der Erde passiert ist, kann eine dermaßen einfache Technik den Planeten heilen?"

„Ja", nickte Harley. „Du wirst diese Technik im richtigen Moment entdecken, und du wirst sie auch benutzen, um einige deiner persönlichen Wunden zu heilen. Deshalb musstest du in deiner Jugend auch so viel Schmerz erfahren – denn nur so kannst du die Heilkraft der Radikalen Vergebung wirklich erleben. Nachdem du dann deine eigenen Wunden geheilt hast, wirst du erkennen, dass Radikale Vergebung eingesetzt werden kann, um das Land zu heilen, damit es als Kollektiv erwacht.

Du wirst den Kongress dazu bringen, ein weltweites Projekt für Radikale Vergebung zu finanzieren, das den Opferarchetypen ein für allemal auflösen und jedem helfen wird, sich selbst und anderen zu vergeben und gemeinsam in die Einheit zu gehen. Das wird die Schwingung der Menschheit sehr stark anheben.

Du wirst eine Neubewertung aller Werte einleiten und den Menschen einen Lebensweg aufzeigen, der wirkliche Erfüllung bringt. Basieren wird dieser Weg auf dem Bewusstsein unendlicher Fülle für alle, auf gegenseitiger Unterstützung, auf gemeinschaftlichen Werten und so weiter. Diese Art Führung wirst du kreieren, wenn du erwacht bist, Jack. Du wirst immer noch Präsident sein – kein Politiker im altmodischen Sinne – sondern ein echter Führer im wahren Sinn dieses Wortes.

Am Ende deiner Amtszeit wirst du die Welt verändert haben. Viel Glück, Jack!"

....

Im Licht dessen, was seither passiert ist, möge man mir verzeihen, dass es in der Geschichte keineswegs um einen erfundenen Charakter namens Jack Barber geht. Stattdessen war dies im Jahre 2003 mein unverhüllter Versuch, mich über George W. Bush lustig zu machen.

Die fiktiven Parallelen, die ich zwischen den Figuren in der Geschichte und den real existierenden Menschen ziehe, sind sicherlich interessant, aber in Wirklichkeit geht es um mehr. Es geht nicht um George W. Bush. Es geht um dich! Harley hat **deine** Inkarnation und deine Mission beschrieben. Du bist Jack. Wir ALLE sind Jack! Die Geschichte will uns die Augen öffnen für das, was gerade in der Welt passiert und uns auffordern, unseren Beitrag zur Transformation des Bewusstseins zu leisten. Bist du bereit?

Okay. Dann lass uns gemeinsam einen Schritt weiter gehen. Wie du vielleicht schon gehört hast, gibt es einige Voraussagen, die behaupten, dass 2012 das Jahr sein wird, in dem der Zusammenbruch stattfinden wird. Nostradamus hat für diese Zeit Katastrophen auf globaler Ebene prophezeit. Er ist damit nicht allein. 2012 taucht als wichtiges Datum in vielen alten Schriften auf, in der Bibel zum Beispiel im Buch der Offenbarung, aber auch in den traditionellen Texten der Maya, der Hopi Indianer und anderer Völker. Der Mayakalender endet im Dezember 2012. Viele von Edgar Cayce's Voraussagen für das neue Jahrtausend verkündeten politische Unruhen auf globaler Ebene und eine *Veränderung der Erdoberfläche* in dieser Zeit.

Die Voraussagen sprechen von zwei Phasen. Die erste Phase würde auf breiter Ebene Tod und Zerstörung bringen und einige Jahre andauern. Die zweite Phase wird allgemein als eine langanhaltende Zeit (ca. 2000 Jahre) des Friedens und der Harmonie beschrieben. Ein wunderbares Zeitalter, wie es von Menschen so noch nie erlebt wurde.

Trotzdem müssen wir aufpassen, dass uns die Zeit nicht davon läuft.

In seinem *Buch ‚Der Jesaja Effekt‘* zeigt uns Gregg Braden, dass es sich bei all diesen Vorhersagen um alternative Realitäten handelt, die durch die Komplexität der Zeitschleifen simultan möglich sind. Das bedeutet, wir haben eine Wahl. Entweder, wir wachen auf und entscheiden uns für die friedliche Version der Zukunft, oder wir werden gezwungen, uns in der Weise zu transformieren, wie es in den Prophezeiungen beschrieben wird.

Ich bin mir vollkommen sicher: Wenn genügend Menschen mit der Radikalen Vergebung arbeiten und ihre Energie fokussieren, besitzt diese Technik durchaus das Potenzial, einen großartigen Beitrag für die gesamte Menschheit zu leisten. Der erste Schritt besteht darin, an uns selbst zu arbeiten. Wenn du dieses Buch liest und die Übungen machst, bist du bereits dabei, und deine Schwingung wird sich entsprechend anheben.

Braden zitiert einen Mathematiker, der behauptet, wir bräuchten nur etwa 880 Tausend Menschen, die auf einer höheren Frequenz schwingen, um eine friedlichere Welt entstehen zu lassen, ohne dass es dabei zu den vorhergesagten Katastrophen kommen muss. Und genau deshalb ist dein Beitrag auch von so unschätzbarem Wert.

Für mich war immer klar, dass der Weltfrieden ein spirituelles Thema ist – kein politisches. Wenn wir, als Gruppe von Menschen, weltweit die Technik der Radikalen Vergebung dazu benutzen, um den WETLFRIEDEN zu fördern, werden wir mächtiger sein als jede Regierung, alle Politiker, Unternehmen oder spirituellen Führer zusammen.

AUFGABE:

Um auf dieser Ebene zu arbeiten, kannst du z. B. das Arbeitsblatt zum Weltfrieden von der Tipping-Methode Website downloaden. Oder du machst ein Arbeitsblatt zu Saddam Hussein, zu Osama bin Laden oder zu einem Politiker deiner Wahl.

Wir leben in einem holographischen Universum. Das bedeutet, dass selbst der kleinste Teil, wenn er vom Ganzen getrennt würde, immer noch das Ganze enthält. Das bedeutet, du bist die Seele deines Landes. Alles, was dein Land je gewesen ist, oder was es heute ist, bist du – einschließlich des Schattens. Und deshalb kannst du dein Land auch heilen, indem du dich entschließt, diese einfachen Übungen zur Anhebung des allgemeinen Bewusstseins zu machen.

Diese Aktivitäten erfordern nur wenig Zeit und du kannst sie für jeden markanten Politiker oder jede wichtige Persönlichkeit deines Landes machen. Die Werkzeuge sind denkbar einfach und wurden entwickelt, um unverzüglich ein Feld Radikaler Vergebung entstehen zu lassen, das mit dem Teil des kollektiven Bewusstseinsfeldes korrespondiert, welches in dir und in jedem Bürger deines Landes lebendig ist. Die Mühe, die du investierst, wird sich auf jeden Fall lohnen.

Und wie sieht es jetzt mit dem Erwachen aus? In der Geschichte erscheint es oft so, als bräuchte es jemanden mit der Macht eines Präsidenten, damit so etwas passiert. Inzwischen wissen wir aber, dass das nicht stimmt. Die wahre Botschaft ist, dass wir ALLE Jack sind, und dass es unserer aller Aufgabe ist, zu unserem wahren Wesen zu erwachen.

Die Technik der Radikalen Vergebung ist eine Technik zur Anhebung des Bewusstseins und mit ihrer Hilfe wird das Erwachen deutlich schneller zustande kommen. Jeder Einzelne hat die Möglichkeit, die Welt zu verändern. Und je mehr Menschen ihre Anstrengungen bündeln, desto größer ist die Chance, dass dies auch wirklich passiert.

Bis jetzt war es fast unmöglich, eine große Anzahl Menschen für eine gemeinsame Sache auch physisch zusammenzubringen. Stell dir einfach mal vor, wie es wäre, über 880 000 Menschen an einem Ort zu versammeln, um gemeinsam etwas zu bewegen. Aber jetzt, wo wir das Internet haben, ist das leicht und einfach möglich.

Bist du bereit, dabei zu helfen, den ‚Himmel-auf-Erden' zu erschaffen?

Übung 11
Auf den Körper hören

Ich denke, es passt gut, diesen Teil des Buches, der sich mit Übungen zum Wachsen beschäftigt, mit der Bitte zu beenden, auf deinen Körper zu hören. Wenn du auf ihn achtest und gut mit ihm umgehst, wird er dir ganz natürlich die richtige Richtung zeigen. Er wird dir zum Beispiel sagen, wem du noch vergeben solltest, worüber du immer noch trauerst und so weiter. Er wird dir auch dabei helfen, deine Lebensaufgabe umzusetzen, denn dein Körper verfügt über eine natürliche, von tief innen kommende Weisheit.

Bevor wir an diesem Punkt weitergehen, sollten wir eines klären. Immer, wenn wir über den Körper sprechen, sollte uns bewusst sein, dass Geist, Körper und Seele in Wahrheit eins sind. Wenn wir also darüber sprechen, dass der Körper über Weisheit verfügt, rufen wir damit das gesamte Körper/Geist-Seele Kontinuum auf den Plan. Das schließt jede der drei Formen von Intelligenz ein, über die wir verfügen – mentale Intelligenz, emotionale Intelligenz und spirituelle Intelligenz. Der physische Körper ist sowohl die Empfangsstation für Weisheit, die uns die Spirituelle Intelligenz in Form von subtiler Energie übermittelt, als auch das Werkzeug, um diese Weisheit uns und anderen zu übermitteln.

Die bekannteste Technik, die Weisheit des Körpers zu nutzen, um klare Antworten auf unsere Fragen zu erhalten, ist die Kinesiologie oder der Muskeltest. Körpertherapeuten auf der ganzen Welt wenden diese Technik seit vielen Jahren an, um zum

Beispiel die Information zu erhalten, ob ein Patient eine bestimmte Medizin braucht oder eine bestimmte Nahrung zu sich nehmen sollte. Ob etwas gut für ihn ist oder nicht und so weiter.

Im Allgemeinen bittet man den Patienten zunächst darum, den Arm auf Schulterhöhe zu heben, dann den Deltamuskel anzuspannen und Widerstand zu leisten, während der Körpertherapeut den Arm nach unten drückt. Dann macht der Therapeut eine Aussage, die entweder richtig oder falsch ist. Der Muskel wird sofort an Spannung verlieren, wenn die Antwort falsch ist, und der Arm wird unter dem Druck nachgeben. Wenn die Aussage jedoch wahr ist, wird die Muskelspannung erhalten bleiben. Durch häufige Wiederholung bekommt man so Antwort auf ziemlich komplizierte und komplexe Fragen.

Aber die Person, die diese Herangehensweise zu einer wissenschaftlich anerkannten Methode zur Untersuchung spezifischer Bewusstseinsqualitäten gemacht hat, ist David Hakwins, der Autor des Bestsellers ‚*Power versus Force*.' Er hat eine sehr komplexe Form des Muskeltests mit einer Dreifach-Blind-Überprüfung entwickelt, um die Genauigkeit der Methode zu untersuchen. Das ist der höchste Standard, um die Effektivität einer Vorgehensweise zu testen. Und so konnte er unmissverständlich beweisen, dass die Methode funktioniert.

Eine andere, etwas leichter zugänglichere Technik, die bei vielen ebenfalls zuverlässig funktioniert, besteht darin, ein Pendel zu benutzen. Zuerst musst du dabei herausfinden, in welche Richtung ein Pendel stets ausschlägt, wenn die Antwort Ja ist, und in welche Richtung es ausschlägt, wenn du ein Nein erhältst. Daran ist nichts Mystisches, und du kannst fast alles als Pendel benutzen. Im Grunde verstärkt es nur die subtilen Botschaften, die dein Körper dir mitteilt, und die man sonst leicht überhören könnte.

Der Körper kommuniziert immer auf sehr direkte Art und Weise mit uns. Er teilt uns mit, wo die Energie blockiert ist, wo wir Ärger, Angst, Kummer, Trauer und so weiter speichern. Wenn du auf deinen Körper hörst, wird er dir viel über dein Leben mitteilen und dir sagen können, was in jedem Moment das Beste für dich ist.

Manche seiner Botschaften sind leicht zu verstehen, und wir werden sie auch gleich ermitteln. Aber vorher würde ich gern noch einmal zu unseren Prämissen zurückkehren und darüber reflektieren, was auf der spirituellen Ebene mit dem *Körper* passiert.

Es ist ein bemerkenswertes Phänomen zu beobachten, wie wenige Menschen ihren Körper wirklich so lieben und annehmen können, wie er ist. Auch wenn wir gern den Medien die Schuld dafür zuweisen, unrealistische Stereotypen zu propagieren, bin ich mir ziemlich sicher, dass das Ganze tiefer geht. Ich würde sogar behaupten, dass es viel damit zu tun hat, herauszufinden, warum wir wirklich hier auf dieser Erde sind. Wahrscheinlich kannst du es schon nicht mehr hören, aber selbstverständlich besteht der Grund darin, dass wir Trennung erfahren wollen. Allerdings nicht nur als Idee – sie muss vor allem emotional erfahren werden. Da eine *Emotion ein Gedanke ist, der mit einem Gefühl verbunden ist*, brauchen wir den Körper, um diese Gefühle auch wirklich wahrzunehmen. Aus welchem anderen Grund würde sich ein spirituelles Wesen, das sich nach Lust und Laune in der Welt der göttlichen Wahrheit bewegen kann, dazu entschließen, seine Schwingung zu senken und sich mit einem Körper abzuquälen, der dicht, schwer und anfällig für Zusammenbrüche ist?

Wenn der Körper unser Vehikel ist, um uns durch den Schmerz der Trennung als umfassende emotionale Erfahrung zu führen, ist es da ein Wunder, dass wir nicht nur von unserem Körper geradezu besessen sind, sondern dass wir ihn genau aus diesem Grund auch ablehnen? Selbst wenn wir uns nicht mehr daran erinnern können, wie es war, bevor wir hier inkarniert sind – kann es nicht sein, dass ein Teil von uns trotzdem noch weiß, wie es ist, wenn man nur Geist ist, ohne mit einem Körper belastet zu sein?

Und kann es nicht sein, dass wir es innerlich ablehnen, diese Bürde zu tragen? Ist es nicht denkbar, dass wir all unsere Schuld und unsere Wut über die Trennung und den damit verbundenen Schmerz auf den Körper projizieren? Denn wenn wir tatsächlich den Körper als ein Symbol für die Trennung übernommen haben, folgt daraus auch, dass der Körper den ungeheuren Schmerz symbolisiert, der ganz natürlich mit dem Gefühl der Trennung verbunden ist.

Wenn wir akzeptieren, dass die Erfahrung dieses Getrenntseins der Grund dafür ist, warum wir in dieses Leben gekommen sind, und dass der Körper uns auf jede denkbare Weise dabei unterstützt, sollten wir ihn dann nicht auch liebevoller annehmen können, egal, wie er aussieht und wie oft er uns Probleme macht? Lass uns also beginnen, alles wieder zurückzunehmen, was wir auf ihn an Ablehnung projiziert haben und eine tiefe Dankbarkeit entwickeln für das, was er für uns tut. Liebe und Wertschätzung des Körpers sind eine ganz natürliche Begleiterscheinung des Erwachensprozesses!

Nach diesen Erläuterungen wollen wir uns jetzt anschauen, wie wir die Botschaften unseres Körpers erkennen können und wie wir sie richtig interpretieren.

Als Erstes kommuniziert der Körper immer durch Schmerz und Unbehagen mit uns. Das ist unser Frühwarnsystem. Wenn man die Signale, die das Frühwarnsystem aussendet, nicht beachtet, kann es sehr leicht geschehen, dass die Dinge außer Kontrolle geraten. Wenn wir die Botschaften ignorieren, die unser Körper uns vermittelt, sind Krankheiten und Zusammenbrüche die natürliche Folge.

Was du auf der medizinischen Ebene damit machst, bleibt dir und deinem Arzt überlassen, aber in Bezug auf die Frage, wie seine Impulse dir beim Erwachen helfen und wie sie dich bei deinem psychischen und spirituellen Wachstum unterstützen können, gibt es ein paar generelle Richtlinien, die hier nützlich sein können.

Im Folgenden möchte ich dir gern ein paar Beobachtungen vorstellen, die von den meisten Therapeuten, die das Körper/Geist Kontinuum studiert oder sich mit der Wissenschaft der Psycho-Neuroimmunulogie beschäftigt haben, als allgemein anerkannt betrachtet werden.

AUFGABEN:

Bitte untersuche, ob die folgenden Hinweise auf dich zutreffen oder nicht:

- Schmerz oder Beschwerden auf der rechten Körperseite könnten anzeigen, dass du ein Problem mit der männlichen Energie hast, während sich Beschwerden auf der linken Seite eher auf Themen beziehen, die mit der weiblichen Energie zusammenhängen.

☐ Trifft zu ☐ Ist u. U. möglich ☐ Trifft nicht zu

- Beschwerden im Kopf- und Nackenbereich – Kopfschmerzen, Augen- und Nackenschmerzen können auf Entscheidungsschwierigkeiten hinweisen.

☐ Trifft zu ☐ Ist u. U. möglich ☐ Trifft nicht zu

- Spannungen im Schulterbereich stehen für ein Übermaß an Verantwortung – du trägst das Gewicht der Welt auf deinen Schultern.

☐ Trifft zu ☐ Ist u. U. möglich ☐ Trifft nicht zu

- Beschwerden im Magenbereich – Verstopfung, Übersäuerung etc. können auf den Widerstand, etwas zu akzeptieren, hinweisen.

☐ Trifft zu ☐ Ist u. U. möglich ☐ Trifft nicht zu

- Schuldbewusstsein, besonders unterdrückte sexuelle Schuld, ist oft der Grund für Probleme im Unterleib und der Leistengegend. Das trifft besonders für Menschen zu, die in diesem Bereich übergewichtig sind.

☐ Trifft zu ☐ Ist u. U. möglich ☐ Trifft nicht zu

- Probleme mit den Händen und Armen könnten auf eine Tendenz hinweisen, dem Leben zu viel oder zu wenig abzuverlangen.

☐ Trifft zu ☐ Ist u. U. möglich ☐ Trifft nicht zu

- Der Widerstand, vorwärts zu gehen oder der Wunsch, vor etwas wegzulaufen, könnte zu Problemen mit den Beinen vom Knie abwärts und den Füßen führen. Es kann sein, dass du dich in deiner Situation eingesperrt oder gefangen fühlst.

☐ Trifft zu ☐ Ist u. U. möglich ☐ Trifft nicht zu

In ihrem sorgfältig recherchierten Buch *Die Anatomie des Geistes* beschreibt Caroline Myss genau, welche psychologischen und emotionalen Themen in bestimmten Körperbereichen gespeichert werden, und wie diese mit dem Chakrasystem korrespondieren. (Chakren sind Energiezentren, die nicht im physischen, sondern im feinstofflichen Körper existieren, die aber energetisch mit bestimmten Organen verbunden sind.) (s. Abb. S. 186)

Die Chakren

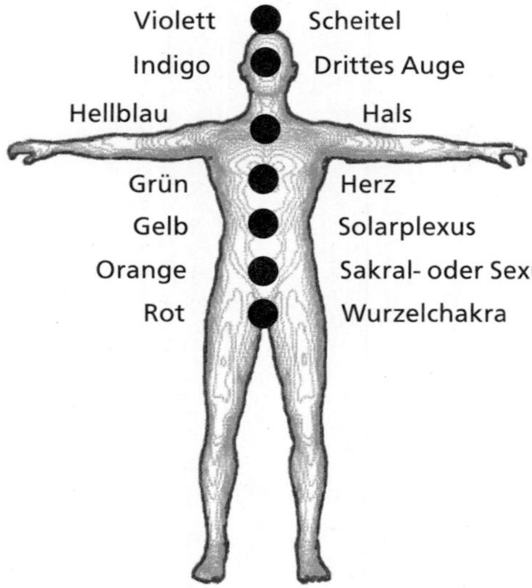

AUFGABE:

Untersuche die folgenden Informationen aus dem Buch von Caroline Myss in Bezug auf die psychologischen Themen, die mit jedem Chakra verbunden sind. Wenn du irgendwelche Symptome in den Bereichen spürst, die nach Myss mit dem entsprechenden Chakra korrespondieren, denk darüber nach, wer oder was diese Themen in dir aktiviert. So wirst du erkennen, was du in deinem Leben verändern solltest, wem du vergeben musst etc.

SCHEITEL- ODER KRONENCHAKRA
(korrespondiert mit Haut, Knochen, Muskeln)

Themen: Werte, Ethik und Mut. Humanitäre Belange.
Die Fähigkeit, das große Ganze zu sehen. Glaube und Inspiration.

Symptome	Damit verbundene Themen	Beteiligte Personen

DRITTES-AUGE-CHAKRA

(korrespondiert mit Gehirn, Nase, Nerven, Augen, Ohren, Zirbeldrüse, Hypophyse)

Themen: Wahrheit, Intuition, Selbst-Wahrnehmung Lernfähigkeit, emotionale Intelligenz.

Symptome	Damit verbundene Themen	Beteiligte Personen

HALSCHAKRA

(korrespondiert mit Schilddrüse, Nacken, Mund, Nebenschilddrüse, Hypothalamus)

Themen: Persönlicher Ausdruck, Kommunikation, Willenskraft, seinem Traum folgen, Kreativität, Süchte, Bewertung, Entscheidungsfähigkeit.

Symptome	Damit verbundene Themen	Beteiligte Personen

HERZCHAKRA

(korrespondiert mit dem gesamten Brustbereich, Thymusdrüse)

Themen: Liebe, Hass, Ablehnung, Verbitterung, Kummer, Ärger, Hoffnung, Selbstbezogenheit, Einsamkeit, Engagement, Vergebung, Mitgefühl, Hoffnung, Vertrauen.

Symptome	Damit verbundene Themen	Beteiligte Personen

SOLARPLEXUSCHAKRA

(korrespondiert mit Magen, Leber, Gallenblase, Pankreas, Nebennieren, Wirbelsäule)

Themen: Angst, Bedrohung, Vertrauen, persönliche Macht, Zuversicht, Ehre, Fürsorge für sich und andere, gegenseitige Abhängigkeit und Empfindlichkeit gegenüber Kritik.

Symptome	Damit verbundene Themen	Beteiligte Personen

SAKRAL- ODER SEXUALCHAKRA

(korrespondiert mit Genitalien, Becken, unterer Rücken, Blinddarm, Hüften, Blase)

Themen: Sex, Geld, Kreativität, Schuldzuweisung, Schuld, Kontrolle, Integrität und gegenseitige Achtung in Beziehungen.

Symptome	Damit verbundene Themen	Beteiligte Personen

WURZELCHAKRA

(korrespondiert mit Knochen, Steißbein, Rektum, Füße, Immunsystem, Prostata)

Themen: Basis-Sicherheit, Sich zu Hause fühlen, Selbstbehauptung, soziales und familiäres Eingebundensein

Symptome	Damit verbundene Themen	Beteiligte Personen

Du wirst bemerkt haben, dass manche Themen mehrere Chakren betreffen und Rückschlüsse zulassen, besonders, wenn die Emotionen betroffen sind. So wird sich zum Beispiel ***Wut auf Jemanden***, der dich oder eine andere Person verunsichert hat oder dir/ihm das Gefühl gegeben hat, du wärst es nicht wert, hier zu sein, im Wurzelchakra ausdrücken. Dasselbe Symptom wird sich aber auch im Sakral- oder Sexualchakra mit Themen wie Sexualität, Kontrolle oder unterdrückte Kreativität manifestieren. Ähnliches gilt auch für die anderen Chakren und Emotionen.

Von daher wirst du wohl ein wenig Detektivarbeit leisten müssen, um herauszufinden, was dir die Symptome vom psychologischen oder emotionalen Standpunkt her sagen wollen, und welcher negative Glaubenssatz sich dahinter versteckt.

Der Psychotherapeut LeShan, der einen Großteil seines Lebens mit Krebspatienten gearbeitet hat, hat herausgefunden, dass alle denselben negativen Kernglaubenssatz hatten:

> **„Wenn ich mich so zeige, wie ich bin, wird mich niemand lieben. Deshalb muss ich so tun, als wäre ich jemand anderes, um geliebt zu werden."**

Jetzt, wo du bewusst dem Pfad des Erwachens folgst, solltest du üben, deinem Körper von Moment zu Moment aufmerksamer zuzuhören. So wirst du ihn immer besser verstehen. Und umso wahrscheinlicher wird es auch sein, dass du von Tag zu Tag gesünder wirst. Dies geschieht, wenn du die Botschaft gehört und in deinen Alltag integriert hast – durch Vergebung, Akzeptanz, mitfühlendem Verhalten, Loslassen. Dadurch wird die Energie, die in diesem speziellen Chakra und den dazugehörigen Körperteilen gebunden wurde, wieder frei. Höchstwahrscheinlich werden die Symptome und der Schmerz dann auch verschwinden.

Und am Ende möchte ich gern noch eine besondere Beobachtung mit dir teilen. Ich kann sie zwar nicht wissenschaftlich beweisen, aber sie zeigt sich immer wieder in meinen Workshops: Immer wenn es um einen Menschen geht, der entweder in einer besonders schwierigen Lebenssituation steckt oder der das hat, was man allgemein als chronische Ermüdungserscheinungen bezeichnet, ist zu beobachten, dass dieser Mensch in seinem Elternhaus zur totalen Perfektion angehalten wurde. Ich habe noch keinen einzigen Fall erlebt, wo dieses Symptom nicht klar zu Tage trat. Meist war es die Mutter, die die Perfektionistin war. Aber ganz gleich ob es sich um den Vater, die Mutter oder um beide gehandelt hat: Die Botschaft war in allen Fällen die gleiche.

> *„Egal, wie sehr ich mich bemühe, sie zufriedenzustellen, es wird nie genug sein."*

VORWORT ZU TEIL IV

VORWORT ZU TEIL IV

Techniken, die Brücken bauen

Auf den vorangehenden Seiten habe ich immer wieder auf die Werkzeuge der Radikalen Vergebung hingewiesen und dir sehr ans Herz gelegt, sie anzuwenden. Warum wohl?

Die Antwort ist, dass die Radikale Vergebung auf einem Paradigma beruht, welches viele Menschen bisher nur schwer verstehen können. Und deshalb brauchen wir Techniken – ich nenne sie Werkzeuge –, um die *Bewusstseins- und Verständnislücke* zwischen dem alten Paradigma (des Opferbewusstseins) und dem neuen Paradigma (der göttlichen Ordnung) zu überbrücken.

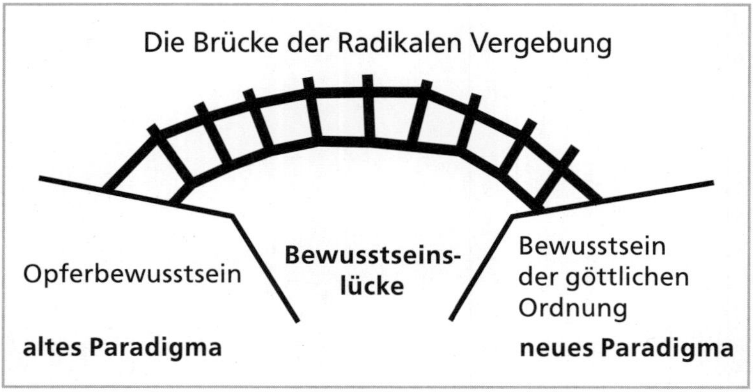

Weder unsere mentale Intelligenz noch unsere emotionale Intelligenz kann uns über die Brücke führen. Um diese Bewusstseinskluft zu überwinden und uns mit dem göttlichen Plan zu verbinden, kann uns nur eine Kraft zur Seite stehen: unsere spirituelle Intelligenz. Nur, wie können wir sie aktivieren?

Die Antwort lautet: Wir brauchen dafür Hilfsmittel. Und genau das sind die Werkzeuge der Radikalen Vergebung!

Nur wenn wir diese Werkzeuge regelmäßig anwenden, können wir die Bewusstseinslücke, die durch die beiden Paradigmen repräsentiert wird, überwinden. Nur so können wir vorankommen. Einfach über den Kopf, also vom Verständnis her, klappt das nicht.

Eine gute Analogie, um zu verstehen, wo wir uns im Moment bewusstseinsmäßig befinden, ist die **Analogie des Wandteppichs**.

Wenn wir uns die Rückseite eines Wandteppichs anschauen, sehen wir nur Unordnung, zufällige Farben, Kreuz- und Querverbindungen, Knoten usw. Es scheint kein System dahinterzustecken. Es wirkt mehr wie in ziemlich hässliches Durcheinander.

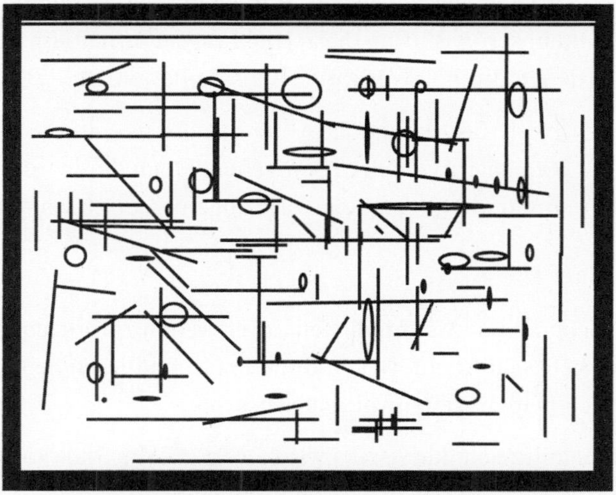

Vom Standpunkt des alten Paradigmas aus betrachtet, ist dies genau die Art, wie wir unser Leben sehen: Als eine scheinbar zufällige Abfolge von Ereignissen. Überall gibt es lose Enden, Verbindungen erscheinen wahllos geknüpft und nichts hängt bewusst mit dem anderen zusammen.

Wenn wir den Wandteppich nun umdrehen würden, sähen wir plötzlich ein ganz anderes Bild. Ein wunderbares Kunstwerk! Dann würden wir sehr schnell erkennen, wie alles auf der Rückseite seine Bedeutung hat: dass kein Knoten umsonst war und jeder Faden bewusst gesetzt ist. Nichts geschah zufällig. Alles macht Sinn.

Unser Leben ist genau wie dieser Wandteppich. Im Moment können wir nur die eine Seite sehen, und das scheint unsere Welt zu sein. Aber es gibt auch eine Realität auf der anderen Seite; auf der Seite, die für uns noch unsichtbar ist.

Glücklicherweise ist die Kluft nicht unüberbrückbar. Wir müssen nur offen sein für die Idee, dass es eine Welt hinter unserem momentanen Bewusstseinszustand gibt, und dass in Wahrheit alles perfekt ist. Die Werkzeuge der Radikalen Vergebung sind die Mittel, um unseren Blick in diese Richtung zu öffnen. Im Folgenden werde ich dir vier Werkzeuge beispielhaft vorstellen.

Aber bevor ich das tue, möchte ich noch einmal auf die Grundsätze der Radikalen Vergebung eingehen. Denn dies wird dir helfen, den Sinn und Nutzen der Werkzeuge besser zu verstehen.

Grundsatz 1:

> **Wir leben immer in mindestens zwei Welten zur gleichen Zeit. Die Seele schafft eine Verbindung zwischen diesen beiden und ist sich beider Welten völlig bewusst.**
>
> Dabei unterscheiden wir zwischen der Welt der göttlichen Wahrheit und der Welt des Menschlichen.

Die Welt der göttlichen Wahrheit ist eine spirituelle Realität, die weder durch unsere fünf Sinne wahrgenommen, noch von unseren Verstand „verstanden" werden kann. Und doch ist sie eine Realität.

Die Welt des Menschlichen ist die Realität, die wir mit den Sinnen als *außerhalb von uns* wahrnehmen. In diesem Bewusstseinsraum leben wir unser tägliches Leben als spirituelle Wesen, die eine menschliche Erfahrung machen, d. h. *eine Erfahrung, die gefühlt wird.* Es ist die Welt der Form, der Dualität, der Trennung; die Welt von Zeit und Raum, Veränderung und Unsicherheit.

Die Welt der göttlichen Wahrheit hingegen ist die Welt der spirituellen Realität und der inneren Erfahrung. Hier gibt es keine Veränderung und keine Zeit, keinen Raum, keine Trennung (das heißt, es ist die andere Seite des Wandteppichs).

Diese beiden Welten existieren nicht an unterschiedlichen Orten. Sie sind eigentlich gar kein Ort, es handelt sich nur um verschiedene Frequenzen. Deshalb können wir auch zeitgleich in beiden Welten leben. Wir müssen dazu nur unseren Empfänger (unser Körper/Geist System) so einstellen, dass er ein breiteres Schwingungsspektrum empfangen kann. Das meinen wir, wenn wir davon sprechen, unser Bewusstsein zu erweitern.

Unsere Seele entscheidet sich bewusst, die Reise von der Welt der göttlichen Wahrheit in die menschliche Welt (also die Inkarnation) anzutreten, um die Qualitäten der Welt des Menschlichen kennenzulernen und dadurch spirituell zu wachsen. Aber damit diese Wahl zu einer authentischen Erfahrung führt, muss die Seele während der Inkarnation vergessen, dass die Welt der göttlichen Wahrheit überhaupt existiert.

Grundsatz 2:

Das Leben ist nicht nur eine zufällige Abfolge von Ereignissen ohne Zweck oder Intelligenz.

Was als zufällig erscheint, ist in Wirklichkeit die Entfaltung eines göttlichen Plans. Und dieser Plan verfolgt ein klares Ziel: er möchte uns spirituell wachsen lassen.

Grundsatz 3:

Zusammen mit dem kosmischen Geist sind wir „Mit-Schöpfer" für die Umstände unseres Lebens.

Und wir bekommen genau das, was wir uns gewünscht haben – immer und ohne jede Ausnahme. In dem Maße, wie wir uns gegen das, was wir bekommen wehren, es bewerten oder Widerstand leisten, wird auch die daraus resultierende Erfahrung Freude schenken oder schmerzhaft sein.

Grundsatz 4:

Wann immer wir uns über einen Menschen (oder eine Organisation) ärgern, bringt dies etwas in uns zum Klingen, das wir an uns selbst verurteilen, unterdrücken oder auf diese Person oder Sache projizieren.

Grundsatz 5:

Wir inkarnieren immer mit einer Mission – einer Abmachung mit dem kosmischen Geist. Wir tun dies, um eine karmische Schuld zu begleichen, einen Vertrag auf der Seelenebene zu vollenden und um dabei zu helfen, Energien zu transformieren, die das Leben der Menschen verbessern. Oder wir tun es einfach, um Erfahrungen zu machen.

Grundsatz 6:

Unsere Seele wird uns immer in Richtung Heilung führen.

Und sie wird uns dabei in Situationen führen, die unsere falschen Konzepte und Denkmuster bewusst machen oder unbewusste Glaubenssätze aufdecken. Alle damit verbundenen Personen treten in unser Leben, um aus Liebe Rollen für uns zu spielen, die unser Verhalten spiegeln. Dies geschieht solange, bis wir den Fehler oder das falsche Konzept aufgelöst haben. So geschieht Heilung und darin liegt das Geschenk.

Grundsatz 7:

Die Menschen, die wir am meisten ablehnen, sind unsere größten Lehrer.

Denn durch sie erhalten wir die Möglichkeit, geheilt zu werden, indem sie entweder

- das spiegeln, was wir in uns selbst hassen und abgelehnt, unterdrückt oder auf sie projiziert haben
- uns dazu zwingen, uns etwas anzuschauen, das in uns als zentraler Glaubenssatz oder ungeheiltes Trauma weiterlebt, oder aber
- dafür sorgen, dass wir unserer Mission treu und verbunden bleiben.

Grundsatz 8:

Das, was in der objektiven Welt zu passieren scheint, ist lediglich eine Vorstellung, eine Illusion.

Es ist lediglich eine Projektion unseres Bewusstseins nach außen (unserer unbewussten Überzeugungen, Ideen, Haltungen usw.). Wenn du wissen willst, wie diese aussehen, schau dir einfach an, was in deinem Leben geschieht. Das Leben ist immer ein Spiegel.

Jedesmal, wenn wir die Werkzeuge der Radikalen Vergebung einsetzen, werden wir an diese acht Grundsätze erinnert. Und so werden wir sie nach und nach dann auch verkörpern.

Bildlich ausgedrückt, gehen wir jedesmal, wenn wir eines von ihnen anwenden, über die Brücke der Radikalen Vergebung und befinden uns damit – wenn auch nur für eine Weile – in dem neuen Paradigma.

Jedes einzelne der Werkzeuge führt uns durch **fünf unterschiedliche Stadien der Radikalen Vergebung**.

Zum Abschluss lass mich auch diese noch einmal darstellen:

1. DIE GESCHICHTE ERZÄHLEN

Wenn jemand deiner Geschichte **zuhört, mit seiner Aufmerksamkeit bei dir ist** und **anerkennt was du erzählst**, ist dies der erste Schritt, um die dahinter liegende Emotion aufzulösen. Genauso besteht der erste Schritt, das Opferbewusstsein loszulassen, darin, sich total damit zu identifizieren.

Das bedeutet, bei diesem Schritt wird dir jemand (oder du dir selbst) aus freiem Willen und voller Mitgefühl zuhören, wie du deine Geschichte erzählst, ohne sie zu bewerten und sie in diesem Moment absolut als deine Wahrheit akzeptieren.

2. AUF GEFÜHLE EINLASSEN

Deine Gefühle repräsentieren deine wirkliche Macht. Deine Stärke liegt in deiner Verletzlichkeit und in deiner Bereitschaft, dich vollkommen menschlich zu zeigen. Du kannst nur das heilen, was du auch fühlst! Sobald du dich deinem Schmerz voll und ganz stellst, ist dies der Beginn deiner Heilung.

3. DIE GESCHICHTE AUSEINANDER NEHMEN

Das entzieht der Opfergeschichte, die du dir ausgedacht hast, die Kraft. Meist handelt es sich dabei ja sowieso nur um eine Interpretation. Die Werkzeuge helfen dir dabei, die Energie zurückzugewinnen, die du in deiner Geschichte gebunden hattest und unterstützen dich, Schritt für Schritt zur Wahrheit vorzudringen.

4. DER GESCHICHTE EINEN NEUEN RAHMEN GEBEN

Hier ersetzen wir die *illusionäre* Geschichte durch eine neue Wahrnehmung – die *Geschichte der Radikalen Vergebung.* Diese sagt dir, dass das, was angeblich geschehen ist, keineswegs eine Tragödie war, sondern in Wahrheit genau das, was du erfahren wolltest. In diesem Sinne war sie also absolut vollkommen.

5. INTEGRATION

Nachdem wir die Bereitschaft entwickelt haben, die Vollkommenheit in der Situation zu sehen, ist es notwendig, diesen Wandel auf der zellularen Ebene zu integrieren. Das bedeutet, sie so in den physischen, mentalen, emotionalen und spirituellen Körper zu integrieren, dass sie ein Teil dessen wird, der du bist. Dies geschieht z.B. mit Hilfe von Atemtechniken, bewusstem Gehen, Körperübungen, dem Ausfüllen der Arbeitsblätter usw.

Dieser Prozess wird noch einmal ganz genau im Arbeitsblatt zur Radikalen Vergebung erläutert, das du auf den folgenden Seiten finden wirst. Die Integration geschieht dabei auf zwei Wegen. Zuerst schreibst du deine Antworten nieder, und als Zweites liest du dir alles noch einmal laut vor. Deine Stimme einzusetzen, ist ein sehr kraftvolles Mittel, um die Veränderung in deinen Körper zu integrieren. Denn dein Körper ist genau der Ort, an dem deine Geschichten leben.

Um diese Anmerkungen (und Aufgaben) auch wirklich zu verstehen, rate ich dir, jetzt sofort ein Arbeitsblatt auszufüllen. Am einfachsten geht dies, indem du dir das entsprechende Formblatt von der Website www.tipping-methode.de herunterlädst und ausdruckst.

Die folgenden Anweisungen können dich dabei unterstützen.

TEIL IV

Die Werkzeuge der Radikalen Vergebung

DAS ARBEITSBLATT ZUR RADIKALEN VERGEBUNG

(Mit zusätzlichen Bemerkungen und Anweisungen)

1. Die Geschichte erzählen

Die Situation, die mir zu schaffen macht, stellt sich mir gegenwärtig so dar:

(X) darstellen: Ich ärgere mich über dich, weil:

Weil du das getan hast (tust), **fühle ich**:
(Beschreiben Sie hier Ihre wirklichen Gefühle.)

Hier solltest du dich fragen: Was ärgert mich? Auf wen bin ich sauer? Warum? Was hat er / sie mir angetan? Erlaube dir, dich voll und ganz als Opfer zu fühlen! Mache keine spirituellen Ausflüchte oder Entschuldigungen. Schreibe es so auf, wie du es wirklich siehst.

2. Auf Gefühle einlassen

	Bereit:	Offen:	Skeptisch:	Nicht bereit:
Ich erkenne meine Gefühle liebevoll an, akzeptiere sie und höre auf, sie zu beurteilen.				

Sei ehrlich und offen mit deinen Gefühlen. Bekenne dich dazu! Benutze Worte, die Gefühle ausdrücken wie: Ich bin sauer, wütend, verletzt etc.

Falls das Ereignis zu einer Zeit stattfand, wo du noch ein Kind warst und der Täter große Macht über dich hatte, konntest du dich vielleicht nicht wehren oder die Person zur Rede stellen. Hier ist deine Chance, dies nachzuholen. Sag der Person (oder der Organisation), wie sehr du dich verletzt oder missverstanden fühlst. Sei voll und ganz das Opfer! Sag ohne Scheu, wie es für dich war.

	Bereit:	Offen:	Skeptisch:	Nicht bereit:
Ich mache mir meine Gefühle zu Eigen. Niemand kann mir meine Gefühle verordnen. Meine Gefühle reflektieren, wie ich die Situatuion sehe.				

	Bereit:	Offen:	Skeptisch:	Nicht bereit:
Ich bin bereit zu sehen, dass meine Mission oder mein „Seelenvertrag“ Erfahrungen wie diese beinhaltet – aus welchen Grund auch immer.				

Dieser Schritt führt dich zurück zu deiner Kraft, denn er zeigt dir, wie du für deine Gefühle selbst verantwortlich bist. Wenn wir sagen: „Der oder die macht mich wütend“, geben wir ihnen Macht über uns.

Beachte auch, dass deine Gefühle ein guter Spiegel dafür sind, wie du die Situation persönlich empfindest. Wenn du das erkennst, bist du frei, auch eine andere Position einzunehmen. Schau wie du dich dann fühlst.

3. Die Geschichte auseinander nehmen

Mein Unwohlsein war mein Signal, dass ich mir selbst und (X) Liebe entziehe, indem ich urteile, Erwartungen habe, (X) verändern will und viele Fehler in (X) sehe. (Zählen Sie die Urteile, Erwartungen und Verhaltensweisen auf, die Sie bei (X) gern verändert sähen.)

Wenn du eine Person oder dich selbst verurteilst und schlecht über sie sprichst, hältst du Liebe zurück. Jeder Versuch jemanden zu verändern, z.B. indem du Bedingungen stellst, beinhaltet, dass du deine Liebe einengst. Denn wenn du jemanden oder etwas ändern willst, bedeutet dies ja, dass er / sie oder es vorher (für dich) nicht richtig war. Damit stellst du dich über die Person und versuchst in die Situation einzugreifen, obwohl du gar nicht weißt, welche spirituelle Lektion du aus der Situation lernen sollst oder welche Mission die entsprechende Person verfolgt.

Wenn du zum Beispiel unberechtigt Heilenergie zu jemandem schickst, weil er sich nicht gut fühlt, sagst du in Wahrheit, dass diese Person nicht in Ordnung ist, so wie sie ist und das sie nicht krank sein sollte. Wer bist du, dass du so ein Urteil fällen kannst? Vielleicht ist ja die Erfahrung krank zu sein, genau das, was diese Person jetzt für ihr spirituelles Wachstum benötigt? Natürlich ist es etwas völlig anderes, wenn dich die entsprechende Person um Heilung gebeten hat. Dann darfst und sollst du natürlich dein Bestes geben. Aber auch dann betrachte dein Gegenüber immer als vollkommen!

All dies ist ein wunderbarer Spiegel, um dir deiner eigenen Urteile und Erwartungen bewusst zu werden. Du weißt ja: Wenn du es beim Anderen siehst, dann gibt es das auch in dir!

	Bereit:	Offen:	Skeptisch:	Nicht bereit:
Ich erkenne nun, dass ich mich immer dann ärgere, wenn jemand in mir die Teile anspricht, die ich verleugnet, negiert und unterdrückt und anschließend auf den anderen projiziert habe.				
(x) ___________ steht stellvertretend für das, was ich in mir selbst lieben und akzeptieren muss.				

Ein Großteil unseres Schmerzes entsteht nicht durch die Fakten, sondern durch das, was wir von unserer Seite in die Situation hineininterpretieren.

Nehmen wir z.B. die Situation, dass deine Mutter sich von ihrem Partner getrennt hat. Deine Interpretation könnte dann sein: Sie nahm mir meinen Vater weg.

Oder der Fakt war: Du wurdest sexuell missbraucht und du machst daraus: Alle Männer werden mich verletzen.

Ähnliche Beispiele gibt es viele.

	Bereit:	Offen:	Skeptisch:	Nicht bereit:
(X)___________ steht stellvertretend für eine falsche Wahrnehmung, die ich von mir habe. Wenn ich (X) vergebe, heile ich mich selbst und erneuere meine Wirklichkeit.				
Ich erkenne jetzt, dass nichts, was (X) oder eine andere Person getan hat, falsch oder richtig ist. Ich lasse alle Urteile fallen.				
Ich lasse das Bedürfnis fallen, jemanden zu beschuldigen und im Recht zu sein, und ich bin bereit, die Vollkommenheit in der Situation zu sehen, so, wie sie ist.				

Obwohl ich die Einzelheiten nicht genau kenne, weiß ich nun, dass wir beide genau das bekommen, was wir unbewusst gesucht haben, um unseren heilenden Tanz mit- und füreinander zu tanzen.

Bereit:	Offen:	Skeptisch:	Nicht bereit:

Ich danke dir, (X)____________, dafür, dass du bereit bist, eine Rolle bei meiner Heilung zu spielen, und erkenne an, dass ich bereit bin, eine Rolle bei deiner Heilung zu spielen.

Bereit:	Offen:	Skeptisch:	Nicht bereit:

Ich entlasse alle Gefühle (wie unter 1.2b) aus meinem Bewusstsein.

Ich danke dir, (X)____________, für deine Bereitschaft, meine falschen Wahrnehmungen widerzuspiegeln, und dafür, dass du mir die Gelegenheit gibst, radikal zu vergeben und mich selbst zu akzeptieren.

Bereit:	Offen:	Skeptisch:	Nicht bereit:

Raum für zusätzliche Bemerkungen

Früher hast du gedacht, die Dinge passieren ohne Sinn und rein zufällig. Jetzt erkennst du an, dass die Hand Gottes die Dinge so arrangiert, wie es für deine innere Entwicklung optimal ist. Nichts passiert rein zufällig. Deine Seele hat die Dinge so und nicht anders entstehen lassen, damit du daraus lernen und daran wachsen kannst.

4. Der Geschichte einen neuen Rahmen geben

Ich erkenne jetzt, dass das, was ich erlebt habe (meine Opfergeschichte), eine genaue Widerspiegelung meiner ungeheilten Wahrnehmung der Situation war. Ich verstehe jetzt, dass ich diese „Realität" verändern kann, indem ich bereit bin, die Vollkommenheit in der Situation zu sehen.

Zum Beispiel: Versuchen Sie hier, aus der Perspektive der Radikalen Vergebung die Situation neu zu formulieren. Dies kann in einem einfachen Satz geschehen, der andeutet, dass Sie jetzt wissen, dass alles so vollkommen ist. Sie können auch spezifisch auf die Situation eingehen und beschreiben, worin das Geschenk besteht. Anmerkung: Häufig können Sie das nicht.

Dies ist eine Einladung an dich, deine Erfahrung der Situation im Licht der Radikalen Vergebung zu sehen. Hier geht es nicht darum zu verstehen, WARUM die Situation vollkommen ist oder was die Hintergründe sind. Es geht nicht um Entschuldigungen, denn dann würdest du deine Fehlwahrnehmung lediglich gegen eine andere austauschen und in eine Art „Pseudo-Vergebung" geraten.

So wie du den neuen Blickwinkel hier formulierst, sollte er eine Möglichkeit bergen zu sehen, wie das göttliche Bewusstsein oder deine spirituelle Intelligenz für dich arbeitet und wie sie dir dadurch zeigt, wie sehr sie dich liebt.

Ich vergebe mir selbst vollständig und akzeptiere mich als eine liebevolle, großzügige und kreative Person. Ich lasse sämtliche Tendenzen fallen, einschränkende und bedürftige Gefühle und Gedanken in Verbindung mit der Vergangenheit festzuhalten. Ich ziehe meine Energie aus der Vergangenheit ab und hebe alle Beschränkungen gegen die Liebe und die Fülle auf, von der ich weiß, dass ich sie in diesem Moment habe. Ich bestimme mein Leben, und ich habe die Fähigkeit, wieder ganz ich selbst zu sein, mich selbst bedingungslos zu lieben und zu unterstützen, ganz so, wie ich bin, mit all meinen großartigen und wundervollen Fähigkeiten.

Dies ist der letzte Schritt im Prozess der Vergebung. Es liegt nicht in deiner Hand, diesen Schritt zu tun. Du bekundest lediglich, dass du bereit bist, ihn zu tun und überlässt den Rest deiner spirituellen Intelligenz.

Dieser letzte Schritt ist deine Gelegenheit, alle vergangenen Worte, Gedanken oder Vorstellungen loszulassen und die Liebe in deinem Leben wirklich zu spüren. Wenn du am Grund angekommen bist, gibt es nur noch Liebe. Wenn du jetzt einen echten Zugang zu dieser Liebe bekommen hast, hast du es geschafft.

Du brauchst nichts weiter zu tun.

5. Den Wandel integrieren

Eine Notiz für dich, (X)________________. Nun, da ich dieses Arbeitsblatt ausgefüllt habe, möchte ich dir Folgendes mitteilen:

Ich vergebe dir, (X)__________________ vollständig, da ich nun sehe, dass du nichts falsch gemacht hast und alles in göttlicher Ordnung ist. Ich akzeptiere dich daher bedingungslos so, wie du bist, und liebe dich. (Anmerkung: Das heißt jedoch nicht, dass Sie das Verhalten billigen oder dass Sie sich nicht abgrenzen können. Dies gehört ohnehin in den Bereich der „Welt des Menschlichen".)

Notiz für mich selbst:

Ich erkenne an, dass ich ein spirituelles Wesen bin, das eine menschliche Erfahrung macht, und ich liebe und unterstütze mich in allen Aspekten meiner menschlichen Existenz.

Dies ist eine leicht verkürzte Version des Arbeitsblattes zur Radikalen Vergebung. Weitere ausführliche Anmerkungen und Ergänzungen findest du in meinem Grundlagenwerk „Ich vergebe – Der radikale Abschied vom Opferdasein", aus dem auch dieses Arbeitsblatt entnommen wurde. Ich empfehle dir, auch alle dort gemachten Anmerkungen zu lesen.

Drei Briefe schreiben

Das funktioniert so ähnlich wie das Arbeitsblatt zur Radikalen Vergebung, wird aber über einen längeren Zeitraum ausgedehnt. Es geht dabei darum, drei verschiedene Briefe zu schreiben – am besten einen pro Tag – an den oder die Menschen oder Organisationen, von denen du glaubst, dass sie dir in irgendeiner Weise Unrecht getan oder dich irgendwie verletzt haben. Bestimmt funktioniert das prima, wenn du wirklich wütend über etwas bist, was gerade passiert ist. Aber es funktioniert genauso, wenn es sich um etwas handelt, was vor langer Zeit passiert ist – selbst wenn die betreffende Person bereits tot ist, oder du nichts mehr mit ihr zu tun hast.

Es funktioniert deshalb, weil du – wie in allen Prozessen, bei denen Vergebung das Thema ist – der Person nie direkt sagst, dass du ihr vergeben hast. Das braucht sie gar nicht zu wissen, und du brauchst es ihr auch nicht mitzuteilen. Wenn du den Wunsch dazu verspürst, schau dir selbstkritisch an, ob es sich vielleicht eher um dein Bedürfnis handelt, die andere Person zu kontrollieren oder zu manipulieren (denn das wäre der Fall, wenn du ihr sagst, dass du ihr vergibst). Sie wird es energetisch sowieso mitbekommen, dass sich zwischen euch etwas verändert hat.

Deshalb schicken wir auch niemals einen der drei Briefe, die du in diesem Prozess schreibst, wirklich ab!

Brief # 1

Dieser Brief steht für das Stadium 1, die Geschichte erzählen und das Stadium 2, die Gefühle annehmen. Schreib einen anklagenden Brief an die Person, von der du glaubst, dass sie dich zum Opfer macht. Sage ihm oder ihr, wie sie dich verletzt, verwundet, gekränkt hat und so weiter. Erinnere dich daran, dass du immer von dem Punkt ausgehst, an dem du jetzt bist, und das bedeutet, du fühlst dich als Opfer. Du entschuldigst diese Person nicht, und du zeigst auch kein Mitleid. Du weißt nur, dass du in dieser Situation das Opfer bist. Bringe all deine Wut, deinen Ärger oder was auch immer an Gefühlen da ist, in diesem Brief zum Ausdruck. Halte nichts zurück. Du kannst auch androhen, dich auf das Schlimmste zu rächen, wenn du dich dadurch besser fühlst. Schreib einfach so lange weiter, bis du nichts mehr zu sagen hast. Schreib alles auf, was dir einfällt. Es kann sein, dass du dazu einige Seiten brauchst.

Vielleicht wirst du in diesem Prozess viele Tränen weinen – Tränen der Wut, der Trauer, des Grolls und der Verletzung. Lass sie fließen. Hab eine Packung Taschentücher parat. Wenn du wütend bist, schrei in ein Kissen oder tob dich irgendwie aus, damit du deine Wut besser spüren kannst. **Aber erinnere dich daran, dass du diesen Brief auf gar keinen Fall abschickst!**

Brief # 2

Das geschieht am besten am nächsten Tag, wenn du dich wieder ein bisschen beruhigt und die Sache überschlafen hast. Es ist immer gut, einen Traumzyklus zwischen die Briefe einzuschieben, damit auch dein Unbewusstes an dem Prozess mitwirken kann.

Der zweite Brief steht für das Stadium 3, und er wird dir dabei helfen, deine Opfergeschichte zum Einstürzen zu bringen.

Dadurch bekommst du die Energie wieder zurück, die du in der Geschichte gebunden hattest. Hier beginnen wir zu erkennen, dass der Schmerz sich zwar auf das bezieht, was tatsächlich passiert ist, dass das Leid aber in dem liegt, was wir als Geschichte daraus gemacht haben. Zwischen beiden besteht oft ein großer Unterschied.

Dieser Brief soll dir helfen, herauszufinden, was wirklich geschehen ist; im Gegensatz zu dem, was du glaubst, was wahr ist oder was du als deine Interpretation hinzugefügt hast. In diesem Sinn kann der Brief eine Art Dialog mit dir selbst werden, oder eine Art Rückschau, bei der du versuchst, das Geschehen zu verstehen.

Was die Person angeht, die dich zum Opfer gemacht hat, so magst du ihm oder ihr gegenüber vielleicht ein wenig versöhnlicher gestimmt sein. Deine Wut hat sich u.U. schon ein wenig abgemildert, und dein Bedürfnis nach Rache ist nicht mehr so groß, obwohl du die Person, auf die du wütend bist, immer noch nicht freisprichst von dem, was er oder sie dir angetan hat.

Trotzdem gibst du ihr jetzt ein wenig mehr Raum und beginnst vielleicht, darüber nachzudenken, warum er oder sie so gehandelt hat. Du versuchst, dich in ihre Situation hineinzuversetzen, um zu verstehen, warum sie sich so verhalten hat. Zum Beispiel ist es oft so, dass Menschen, die verwundet worden sind, ihre unterdrückte Wut an jemand anderem auslassen. Menschen, die Kinder missbrauchen, wurden als Kinder fast immer selbst missbraucht. Menschen, die als Kinder verlassen wurden, verlassen oft andere in ihrem späteren Leben.

In diesem Brief solltest du dich bemühen, Mitgefühl, Verständnis und Großzügigkeit walten zu lassen. Außerdem solltest du, wenn möglich, Vergebung in diese Aufrechnung mit einfließen lassen. Wenn du allerdings immer noch glaubst, dass man dich zum Opfer gemacht hat, kannst du dem anderen an diesem Punkt nur verzeihen – mit radikaler Vergebung hat das noch nichts zu tun.

Brief # 3

Der dritte Brief, den du frühestens einen Tag nach dem zweiten schreiben solltest, steht für das Stadium 4 – die Umdeutung. In diesem Brief versuchst du, die Situation neu zu interpretieren, und zwar auf der Grundlage der Prinzipien der Radikalen Vergebung. Mit anderen Worten, du schreibst, dass dir jetzt klar ist, dass die betreffende Person auf der Seelenebene aus Liebe gehandelt hat, weil deine Seele genau die entsprechende Situation erfahren wollte. In Wirklichkeit hast du ihn oder sie sogar für diese Aufgabe engagiert. Du erkennst, dass sie es *nicht dir angetan*, sondern *für dich getan* hat. Es ist sogar sehr wahrscheinlich, dass ihr beide euch vor eurer Inkarnation darauf geeinigt habt, dass sie dir diesen Dienst erweisen wird. Es handelt sich um einen Vertrag, den eure Seelen miteinander geschlossen haben. Alles, was du jetzt für diese Person fühlen kannst, ist Dankbarkeit.

Erinnere dich daran, bei der Radikalen Vergebung geht es immer darum, *so zu tun als ob, bis du es wirklich hast*. Mit Sicherheit wird dieser Brief unter diese Kategorie fallen. Du solltest ihn so schreiben, als würdest du voller Eifer und mit deiner gesamten Kompetenz an diese Prämisse glauben, genau wie bei den anderen Briefen.

Es ist ziemlich wahrscheinlich, dass du dich nach diesen drei Briefen sehr viel besser fühlen wirst. Und wenn die Situation immer noch präsent ist, wird sie sich möglicherweise jetzt schnell auflösen.

Der vier Schritte Prozess zur Radikalen Vergebung

Im Gegensatz zu den meisten anderen Werkzeugen der Radikalen Vergebung kannst du diesen Prozess bereits dann anwenden, wenn du unmittelbar in einer Situation bist.

Dieser Prozess dauert nur ein paar Minuten. Aber er ist sehr wirksam und wird dich davor bewahren, total in das Drama des Geschehens verwickelt zu werden und auf unbestimmte Dauer im „Opferland“ stecken zu bleiben.

Sobald du bemerkst, dass du dich über etwas furchtbar aufregst, oder jemanden für sein Verhalten verurteilst, oder du die Situation anders haben möchtest, als sie gerade ist, nutze die folgenden vier Schritte. Sie werden dein Bewusstsein wieder an den Prinzipien der Radikalen Vergebung ausrichten.

Schritt 1: „Schau, was ich kreiert habe!"

Es ist ein spirituelles Gesetz – bestätigt durch die Quantenphysik und andere Wissenschaften, dass das, was in der Welt geschieht, ein Abbild unseres Bewusstseins ist.

Wenn du dir sagst „Schau, was ich kreiert habe!“, öffnest du dich für die Möglichkeit, dass du an dem, was geschehen ist, einen Anteil hast. Du akzeptierst, dass das Ereignis deiner Heilung und deinem spirituellen Wachstum dient. Dies ist der erste Schritt auf dem Weg zur Übernahme von Verantwortung für das, was in deinem Leben geschieht.

Erinnere dich daran: Gott macht keine Fehler.

Schritt 2: „Ich bemerke, dass ich urteile und liebe mich trotzdem."

Wenn negative Dinge passieren, wehrst du dich meist gegen die Situation und fängst automatisch an, die Dinge zu verurteilen oder jemand anderem die Schuld zuzuweisen. Das ist nur menschlich und du solltest dir dies verzeihen, denn es ist Teil des Lernprozesses. Auf diese Weise öffnest du dich für das, was genau in diesem Augenblick in deinem Körper und Geist passiert. Du bist ganz in der Gegenwart und stellst dich deinen Gefühlen. Dadurch wird sich deine Energie verändern und du kannst bewusst den nächsten Schritt einleiten.

Schritt 3: „Ich bin bereit, die Vollkommenheit in der Situation zu sehen."

Jetzt bist du eingeladen, zu erkennen, dass das, wie gerade geschieht, ein Ausdruck des göttlichen Planes ist, der sich für dich entfaltet. Hier beginnt die Radikale Vergebung. Du kannst es auch so ausdrücken: „Ich bin bereit das Göttliche in dieser Situation wirken zu sehen".

Schritt 4: „Ich entscheide mich für die Kraft des Friedens."

Der vierte Schritt ist die Konsequenz der vorangegangenen Schritte. „Frieden" meint hier die Art von Frieden, die du fühlst, wenn du bereit bist, die Vollkommenheit in der Situation zu sehen. Dies gibt dir die Kraft, die du brauchst, um in der Welt vollständig bewusst zu handeln. Sie schärft deinen Verstand und lässt dich deine Gefühle voll anerkennen.

Auf den folgenden Seiten findest du ein zusätzliches Arbeitsblatt für den Vier-Schritte- Prozess. Es wird dir helfen, diesen Prozess noch strukturierter anzuwenden.

Übe diese vier Schritte, wann immer sich dir eine Gelegenheit bietet. Mache sie zu einem Teil deines Lebens.

Arbeitsblatt zum vier Schritte Prozess

Schritt 1: „Schau was ich kreiert habe"

Dieser erste Schritt erinnert uns daran, dass wir die Schöpfer unseres Lebens sind. Wir haben all die Umstände erschaffen, in denen wir uns jetzt befinden und über die wir verärgert sind. Um uns zu helfen zu lernen und spirituell zu wachsen – oder um eine Wunde oder eine zentrale negative Überzeugung zu heilen, die uns davon abhält glücklich und voller Freude zu sein.

Stimme zu:	Bereit:	Offen:	Skeptisch:	Nicht bereit:

Schritt 2: „Ich bemerke, dass ich urteile und liebe mich trotzdem."

In diesem Schritt erkennen wir an, dass wir als Menschen automatisch Bewertungen, Interpretationen, Fragen und Überzeugungen mit bestimmten Situationen verbinden. Wir sind schnell dabei, eine Opfergeschichte zu kreieren und andere zu beschuldigen. Es ist Teil des Menschseins. Deshalb ist es wichtig, das zu erkennen und unsere Gefühle liebevoll zu akzeptieren. Sie geben uns eine gute Rückmeldung über unser Bewusstsein und sie zeigen uns auf, wo unsere unterbewussten Wunden und zentralen negativen Überzeugungen sitzen.

Stimme zu:	Bereit:	Offen:	Skeptisch:	Nicht bereit:

Schritt 3: „Ich bin bereit, die Vollkommenheit in der Situation zu sehen."

a) Hier beginnen wir mit der Umdeutung der Geschichte, indem wir bereit sind, offen zu sein für die Idee, dass unser höheres Selbst diese Situation erschaffen hat und sich unser Leben demnach genau so entwickelt, wie es sich entwickeln muss. Alles ist in göttlicher Ordnung. Es ist das, was wir brauchen und wollen für die Reise unserer Seele. Nichts Falsches ist passiert und es gibt nichts zu vergeben.

(Das Schlüsselwort hier ist „Bereitschaft". Es braucht nur ein kleines bisschen Bereitschaft für diese Idee offen zu sein.)

b) In diesem Schritt geht es auch darum, die Möglichkeit in Betracht zu ziehen, dass wir die Menschen, über die wir verärgert sind, angezogen haben um genau diese Erfahrung zu machen. Sie tun diese Dinge für uns, weil unsere Seelen einen Vertrag eingegangen sind, dies füreinander zu tun. Deshalb sind sie nicht unsere Feinde, sondern unsere Engel der Heilung. Denn ohne sie hätten wir nicht diese Gelegenheit zum Wachsen und zum Heilen der zentralen negativen Überzeugungen.

Stimme zu:	Bereit:	Offen:	Skeptisch:	Nicht bereit:

Welche dieser zentralen negativen Überzeugungen kannst du bei dir erkennen?

Ich bin nicht gut genug.

Ich muss perfekt sein um geliebt zu werden.

Ich bin nicht liebenswert.

Ich verdiene keine Liebe.

Ich sehe nicht gut aus.

Ich werde immer im Stich gelassen.

Ich werde immer verraten.

Niemand ist für mich da.

Egal wie sehr ich mich anstrenge, es ist nie genug.

c) Dieser Schritt gibt dir auch die Möglichkeit zu erkennen, dass das, was du in anderen Menschen siehst und ablehnst, genau das ist, was du bei dir selbst nicht magst und das du deshalb verleugnet, unterdrückt und auf sie projiziert hast.

Die Dinge, die ich an ____________ nicht mag, sind:

____

____

____

____

Denke daran: Wenn du es bei anderen siehst, dann findest du es auch bei dir!

„Ich bin bereit zu erkennen, dass __________ mir etwas spiegelt, das ich bisher verleugnet und unterdrückt habe. Ich bin jetzt in diesem Moment bereit, diesen Teil von mir, was immer es ist, zu akzeptieren und zu lieben. Ich danke ____________ dafür, dass sie/er mir eine Möglichkeit zur Heilung gegeben hat."

Stimme zu:	Bereit:	Offen:	Skeptisch:	Nicht bereit:

Schritt 4: „Ich entscheide mich für die Kraft des Friedens."

Indem wir die göttliche Fügung in dieser Situation anerkennen und die Möglichkeit in Betracht ziehen, dass unsere Wahrnehmung der Situation illusorisch sein könnte, wählen wir die Hingabe an das Göttliche und fühlen den Frieden in uns. Wir vertrauen darauf, dass wir die Kraft des Friedens in allen unseren Handlungen nutzen können.

„Ich lasse alle Gefühle, Bewertungen und Verstimmungen, die ich im Schritt I hatte, los und wähle die Kraft des Friedens."

Stimme zu:	Bereit:	Offen:	Skeptisch:	Nicht bereit:

Notiz für ____________________

____

____

Nachdem ich dieses Arbeitsblatt gemacht habe, fühle ich jetzt____

____

____

Notiz für mich selbst: ____________________

____

____

Nachdem ich dieses Arbeitsblatt gemacht habe, ____________________

____

____

Anmerkung:

Notiere alle Wunder, die in den nächsten Tagen als Resultat dieses Arbeitsblatts geschehen, in einem speziellen „Notizbuch für Wunder".

Ein Lösungsbrief an das höhere Selbst

Datum: ……………….. Name:…………………………………

Ich, ____________________, gewähre hiermit dir, meinem höheren Selbst, meiner Seele, meinem höheren Bewusstsein, meiner DNS, meinem zellulären Gedächtnis und allen Teilen von mir, die an der Unversöhnlichkeit aus welchen Gründen auch immer festhalten wollen, die Erlaubnis, alle Missverständnisse, unbegründeten Überzeugungen, Fehlinterpretationen und fehlgeleiteten Gefühle, wo immer sie sitzen mögen, in meinem Körper, meinem Unbewussten, meiner DNS, meinem Bewusstsein, meinem Unterbewusstsein, meinen Chakren oder in meiner Seele, zu lösen, und ich bitte alle, die mir das Beste wünschen, mich in diesem Lösungsprozess zu unterstützen.

Ich, ______________________, danke dir, meiner Seele, dafür, dass du mir diese Situation geschenkt hast und erkenne, dass auf einer bestimmten Ebene alle beteiligten Personen meine Lehrer gewesen sind und mir Gelegenheit gegeben haben zu lernen und zu wachsen. Ich nehme alle Erfahrungen an, ohne über sie zu urteilen, und löse sie hiermit in dem Nichts auf, aus dem sie ihren Ursprung nahmen.

Ich, ____________________________ , vergebe hiermit

____

Ich gebe ihn/sie frei zu seinem/ihrem höchsten Wohl und lasse ihn/sie gehen.

Ich segne ___________________ und danke ihm/ihr dafür, mein Lehrer gewesen zu sein. Ich löse alle ungesunden Abhängigkeiten von ____________________________ und sende ihm/ihr bedingungslose Liebe und Unterstützung.

Ich, ____________________________, vergebe hiermit mir selbst und akzeptiere mich so, wie ich bin. Ich liebe mich selbst bedingungslos so, wie ich bin, in all meiner Kraft und Einzigartigkeit.

Ich, ____________________________, gebe mich hiermit frei zu meinem höchsten Wohl und nehme für mich Freiheit, Erfüllung meiner Träume, Wünsche und Ziele, Klarheit, Liebe, vollständigen Ausdruck meiner Selbst, Kreativität, Gesundheit und Wohlstand in Anspruch.

Unterzeichnet von: ____________________________

Datum: ____

Bezeugt von: __________________________________

Datum: ____

Wenn du weitere Informationen zu den Werkzeugen der Radikalen Vergebung, zu Einzelsitzungen und Seminaren möchtest, wende dich bitte an:

Die Tipping-Methode
Akademie für Transformation
Hina Fruh & Thomas Kiehl-Fruh
Hessenstrasse 21
35410 Hungen
Deutschland
Telefon: 06402 - 51 92 03
Telefax: 06402 - 51 92 02
Email: info@tipping-methode.de
www.tipping-methode.de

Ein persönliches Schlusswort

Damit bist du nun am Ende dieses Buches angekommen. Ich hoffe, du fandest es interessant. Aber mehr noch hoffe ich, dass es dich inspiriert hat, mithilfe der Übungen dein Bewusstsein zu weiten.

Mein Ziel war es, dich mit diesem Buch auf deinem persönlichen Prozess des Erwachens zu begleiten. Ich wollte dir helfen, zu entdecken, wer oder was du wirklich bist und den Sinn deines Lebens zu erkennen.

Aber ich hatte noch einen weiteren Punkt im Hinterkopf: Für mich geht es hier auch um das Erwachen der gesamten Menschheit.

> *„Meine Vision ist es, mithilfe der Radikalen Vergebung das Bewusstsein des Planeten anzuheben und bis zum Jahr 2012 eine Welt der Vergebung zu erschaffen."*

Als ich dieses Statement erstmals verfasste, konnte ich mir kaum vorstellen, wie dies je Realität werden würde. Aber im Laufe der Jahre habe ich immer deutlicher gesehen, dass dies tatsächlich möglich ist. Mittlerweile nutzen Millionen von Menschen die Programme der Radikalen Vergebung und sehen darin einen Weg, ihr Leben bewusster zu gestalten. Warum sollten diese nicht die kritische Masse bilden, um eine Welt der Vergebung entstehen zu lassen?

Dabei ist es unwesentlich, ob es nun genau das Jahr 2012 sein wird, oder etwas früher oder später. Dies war einfach ein Datum, das ich aus verschiedenen Gründen gewählt habe.

Viel wichtiger ist es, dass dieses Buch für dich nicht nur eine nette Lektüre war, sondern dass es dich angeregt hat, mit dazu beizutragen, dass dieser Wandel jetzt wirklich stattfindet.

Bitte denk' nicht, dass du als Einzelner keinen Unterschied machen kannst. Da täuschst du dich gewaltig. Die Radikale Vergebung hebt die Schwingung jedes Einzelnen definitiv und ohne Zweifel stark an. Daher wird jeder, der das Wissen der Radikalen Vergebung regelmäßig nutzt und verinnerlicht hat, einen großen Beitrag für die Anhebung des kollektiven Bewusstseinsfeldes leisten. Eine Person, die auf dieser Ebene schwingt, gleicht tausende aus, die eine niedrigere Schwingung repräsentieren.

Aber es gibt noch eine weitere Möglichkeit, wie du zur Transformation auf der kollektiven Ebene beitragen kannst:

Im Kapitel 7 erklärte Harley unserem Helden Steve Parker, dass das große Experiment, das Bewusstsein auszudehnen, bald abgeschlossen sein wird und dass wir den Punkt des Zusammenbruchs erreichen werden, der zum Durchbruch im kollektiven Bewusstsein führen wird.

Da es unter Umständen schon einige Zeit her ist, dass du Steves Geschichte gelesen hast, möchte ich diesen Abschnitt hier noch einmal kurz aufgreifen:

> *„Nun, die Sache ist so, dass sich dieses Experiment jetzt bald dem Ende nähern wird. Die Reise in die menschliche Erfahrung ist mittlerweile oft genug und von einer so großen Anzahl von Seelen durchlaufen worden, dass der göttliche Geist so stark erweitert wurde, dass er sich seiner selbst inzwischen völlig bewusst ist. Das bedeutet, niemand muss mehr Trennung erfahren. Kriege, Konflikte, Kämpfe, Hunger, Diskriminierung, Folter, Missbrauch, Schmerz und Leid werden aufhören, zu existieren.“*

„Super! Bedeutet das das Ende des Planeten Erde und des Lebens in einem menschlichen Körper?“

„Im Gegenteil“, erwiderte Harley. „Für die allumfassende Gottheit ist der Höhepunkt des Experiments gleichbedeutend mit der Verschmelzung beider Welten. Die geistige Welt und die menschliche Dimension werden eins. Das verstehen wir unter dem Begriff Himmel-auf-Erden. Auf diese Weise kann sich die universelle Intelligenz nicht nur, wie bisher, als Gedanke, sondern auch als Gefühl erfahren. Das heißt, wir werden alle Körper bekommen, mit deren Hilfe wir die Erfahrung machen, existent zu sein. Aber gleichzeitig erleben wir eben auch die Glückseligkeit des totalen Einsseins.“

„Heißt das, die Gottheit wird demnächst eine Erklärung herausgeben, dass das Experiment vorbei ist, und die Entstehung von Himmel-auf-Erden verkünden? Und werden dann alle Seelen, die dann noch in einem Körper inkarniert sind, wieder nach Hause zurückkehren?“ fragte Steve und hoffte, dass die Aufgabe, die man mir geben wollte, leicht zu bewerkstelligen sein würde.

„Nein“, erwiderte Harley nachdrücklich. „Obwohl sie die Macht hat, alles zu tun, was sie sich vorgenommen hat, erschafft die universelle Intelligenz niemals Ergebnisse per Erlass. Sie könnte zwar den Himmel-auf-Erden im Bruchteil einer Sekunde herbeiführen, wenn sie das wollte. Aber bei der universellen Intelligenz dreht sich alles um Transformation, und das bedeutet, was zählt, ist der Prozess.

Sie wünscht sich, dass jedes Land durch den gleichen Prozess des Erwachens geht, den auch einzelne Individuen durchlaufen. Amerika steht da an erster Stelle. Die USA werden die Nation sein, die die gesamte Menschheit durch den Prozess des Erwachens führen wird. Erst dann werden wir hier den

Himmel-auf-Erden haben, nicht vorher. Die Menschheit muss sich selbst für diesen Schritt entscheiden. Freier Wille – du erinnerst dich?“

.....

Was bedeutet dies nun für Menschen wie dich und mich?

Es heißt, wir müssen uns täglich neu entscheiden, die Radikale Vergebung nicht nur auf die Ereignisse in unserem persönlichen Leben anzuwenden, sondern die Vollkommenheit auch in all dem zu sehen, was in der Welt passiert. Auch auf dieser Ebene entfaltet sich der göttliche Plan. Nichts geschieht zufällig oder falsch. Egal ob Wirtschaftskrise, Krieg, Hungersnöte, Massenarbeitslosigkeit oder andere scheinbar katastrophalen Ereignisse: Wir können sie als Teil des Zusammenbruches sehen, der zum Durchbruch im kollektiven Bewusstsein führt und damit zum Himmel auf Erden.

Der Himmel auf Erden und eine Welt der Vergebung haben vieles gemeinsam. In einer solchen Welt leben wir in Harmonie miteinander, wir geben und empfangen bedingungslose Liebe und wir sind frei von Urteilen. Es ist eine Welt, in der uns das Wohl des Anderen genau so am Herzen liegt wie unser eigenes. Denn wir wissen, dass wir alle eins sind.

Ich wünsche dir von Herzen alles Gute und sende dir meine Liebe.

God bless you…

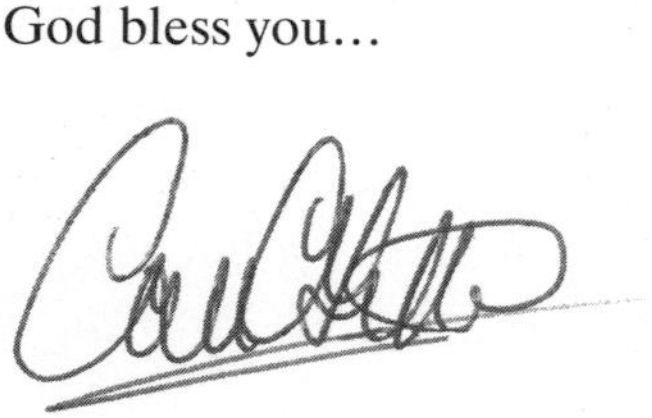

Colin

Der Autor

1941 geboren, wuchs Colin C. Tipping als Kind einfacher Arbeiter im Nachkriegsengland auf. Seine Eltern waren liebevolle, intensiv arbeitende Menschen, und trotz der sozialen Härten dieser Zeit hatte er eine stabile, fröhliche Kindheit.

Schon als Junge inspirierte Colin viele Menschen dazu, über ihre Gefühle zu sprechen. Sie fanden in ihm einen guten Zuhörer, der sie nicht verurteilte. Nach vier Jahren in der Royal Air Force wurde er Lehrer an einem Gymnasium und schließlich Universitätsprofessor. Auch in dieser Position wurde er oft und gern um Rat in wichtigen Lebensfragen gebeten.

1984 emigrierte Colin C. Tipping nach Amerika und erwarb kurz danach ein Diplom als klinischer Hypnotherapeut. Hypnotherapie schätzt er deshalb so sehr, weil sie seiner Beobachtung nach die Effizienz anderer Therapien um das Mehrfache steigert.

Colin war damals nicht religiös und er fühlt sich auch heute noch keiner organisierten Religion verbunden. Seine Spiritualität ist im Wesentlichen bodenständig, einfach, frei und offen. Obwohl er nie behauptet, die Wahrheit zu kennen und glücklich damit ist, das Mysterium der Frage zu leben, erzählt er gern Geschichten, die für unseren begrenzten Verstand Sinn machen und unser inneres Wissen widerspiegeln. Seine Begabung ist es, spirituelle Themen einfach und praktisch darzustellen. Für ihn ist Spiritualität nutzlos, wenn sie nicht auch im Alltag anwendbar ist. Und so geht es in seinen Büchern oder seinen Workshops immer auch darum, Spiritualität im Feld der täglichen Herausforderungen zu leben.

1992 begann Colin C. Tipping gemeinsam mit seiner Frau JoAnn, die er in Atlanta kennengelernt und 1990 geheiratet hatte, erstmals Seminare für Krebspatienten in den Bergen von North Georgia anzubieten. Aus dem Wissen heraus, dass Verbitterung und ein Mangel an Vergebung einer der zentralen Gründe für die Entstehung vieler Krebserkrankungen ist, entwickelten sie eine neue Form von Vergebung, die schnell, einfach und leicht umsetzbar sein sollte. Daraus entstand das, was heute als Radikale Vergebung bekannt ist. Inzwischen gibt es Institute für Radikale Vergebung in den USA, Australien, Indien, Polen und Deutschland.

Nach seinem ersten preisgekrönten Buch aus dem Jahr 1998 *Radical Forgiveness, Making Room for the Miracle*, (deutsche Ausgabe „Ich vergebe“) haben Colin und JoAnn gemeinsam Workshops in den USA, Australien und in Europa durchgeführt. Aber noch immer ist ihr Hauptwohnsitz in Atlanta, Georgia, wo sie ihre bekannten *Miracles Workshops* im Retreat Center in den Bergen von North Georgia veranstalten.

Und auch zu diesem, seinem neuesten Buch, wird es bald ergänzende Seminare geben. Denn trotz seines gereiften Alters hat Colin noch große Pläne und nicht die geringste Absicht, sich in den Ruhestand zu begeben.